くらし・儀式・行事

日本人の生活文化

菅原正子

吉川弘文館

目　次

挿図目次

はじめに

私たちは「日本の伝統的な文化」という言葉をしばしば使う。この日本の伝統的な文化や慣習とは、一体いつ頃から継続しているものをさすのであろうか。

文化や慣習は時代とともに変化していく。日本では、古代には中国文化を取り入れ、近代には西洋文化を取り入れて、生活様式や文化・思想が中国や西洋の影響を大きく受けて変化していった。私たちが日本の伝統的な文化・風習・思想と思っているものが、実は中国や西洋から取り入れたものであることがある。また、私たちが古くから日本に存在したと思い込んでいる風習が、中世の頃にはまったく別の形のものであったりする。

変化していく文化・慣習もあれば、他方にはまったく変わらずに継続する文化・慣習や、本質的にはそれほど大きく変わっていない文化・慣習もある。これらのなかには、日本人の民族性、日本固有の自然・風土・環境などに根ざした性質のものがある。

一年の間に行なわれる伝統的な年中行事では、江戸時代に今の形が成立したものが多い。三月三日の桃の節句は、ひな人形を飾る女子の行事になったのは江戸時代である。また、子供の年齢の節目に成長を祝う行事として、七歳・五歳・三歳の子供が十一月十五日に宮参りする形に固定化したのも江戸時代である。これらの行事は、中世では違った形で行なわれていた。

中世にこれらの行事がどのような形で行なわれていたのかをさぐることによって、これらの行事の本来の意味が明らかになると思われる。かつて内藤湖南氏は、鎌倉時代から室町時代に日本が中国文化の衣を脱いで丸裸になったときに、日本特有の文化の特質が現れたとした（『日本文化史研究』[1]）。日本独自の文化が現れた中世—なかでも鎌倉中期から室町時代にかけて—は、文化的にも社会的・政治的にも大きな歴史の転換期であったといえよう。

平安時代の貴族中心の社会は、中世に武家・庶民社会へと変化していった。年中行事や人生儀礼においても、平安時代の貴族文化にはなかった行事が中世に取り入れられて新しい行事が行なわれるようになった。九歳の子供に行なわれた帯直《おびなおし》などは、室町時代に現れた行事である。女子の成人式である鬢曾木《びんそぎ》も、平安時代の裳着《もぎ》に替わって室町時代に現れた。南北朝期とその前後は、平安の貴族文化とは異なる新しい生活文化が萌芽した時期である。この時期には、連歌・風流・猿楽（能）・御伽草子などの庶民文化が誕生し、あらゆる階層の人々の心を魅了して流行した。それは日本のルネサンスともいうべき文化の一大変革期であった。

ところで、日常生活については、私たちはあまりに当然すぎて記録に書き留めることをしないのが普通である。しかし、外国人の目から見ればそれは異文化であり、めずらしい風習として記録される。

戦国時代末期に西欧から日本に来たキリスト教カトリックのイエズス会士たちは、西洋文化とはまったく異質の日本の文化・風習について記録・書簡などに書き残した。そこには、日本側の史料にはほとんど書かれていない日本人の性格・行動や日常生活について記されている。

これらイエズス会士たちの史料は、これまで史料として充分には活用されていなかったと思われる。内容的に、にわかには信じ難い記述があるのもその一因であろう。例えば、ルイス・フロイス著の『日欧文化比較』（岩波文庫では『ヨーロッパ文化と日本文化』）(2) の第二章には、「ヨーロッパでは妻は夫の許可が無くては、家から外へ出ない。日本の女性は夫に知らせず、好きな所に行く自由を持っている」とある。日本の女性に控えめで大人しいイメージを持っている人々の多くは、この文章を読んで、ヨーロッパの女性より日本の女性の方が自由に行動をしていたということに驚き、本当であろうかという疑問を抱くであろう。このような内容がこの著にはこのほかにも散見する。これらの意外な記述について、日本側の史料を用いて検証する必要がある。『日欧文化比較』には岡田章雄氏による注がついているが、限られたスペースの短い説明である。また、内容があらゆる分野に及んでいるため、解題で岡田氏も危惧されているように、岡田氏の手の及ばないところや誤解している箇所もある。これらについても検討を加えなければならない。

イエズス会士たちの描いた中世末期の日本人像は、驚くほど現代の日本人と共通する点が多い。また、当時の慣習については、西洋よりもむしろ日本の方が現代社会に近いのではないかと思われるような記述もみられる。例えば、西洋のキリスト教社会では容易に離婚を認めていなかったが、日本では離婚が頻繁に行なわれていたために、イエズス会士たちは離婚を禁止するキリスト教カトリックの布教に苦心した。これなどは日本の方が西洋よりも現代社会を先取りした形である。

本書では、日本人のくらし・慣習・生活文化について、中世という時代を中心にしながら、古代・近世にも言及して明らかにしていく。

第一部の第一章では、イエズス会士からみた中世の日本人の性格・行動形式はどうであったのかをみていき、現代に共通する日本人の民族的性格について考える。第二章では、男女関係とジェンダー（社会・文化的性差）、夫婦関係、密通、離婚、男色の風習など、男女関係と夫婦関係について明らかにしていく。第三章では、食事・衣服・貨幣など日常のくらしのなかの習慣、子供の教育などについて述べる。これらについて、イエズス会士の史料に書かれている内容と、日本の古代〜近世の日記・古文書・故実書《こじつしょ》・文学作品など日本側の史料とを照らし合わせ、実際の生活ではどうであったのかを明らかにする。

第二部の第一章では、年中行事について、日記や故実書など日常の生活・慣習を記した史料を用いながら、古代〜近世にどのように変化していったのかをみていく。第二章では人生の節目に行なわれた儀式について、中世後期に書かれた山科家の日記などから具体的に明らかにする。

多くの人は、近代の明治民法などで定めた不平等な男女や夫婦のあり方が、それ以前から継続してきた日本の伝統的な風習と思っているかもしれない。しかし、明治時代の日本の法はフランス法やドイツ法など大陸法を継受して作られており、これらヨーロッパの法の影響が大きい。特にフランスのナポレオン法典は明らかに男女不平等の法典であった。日本の中世の法を丹念に読むと、むしろ男女平等観がかいま見えることがある。

また、中世の日常生活についても、テレビドラマや映画から得るイメージ・知識は必ずしも正しくはなく、私たちが誤解していることも少なくない。例えば、中世の男性にとっては武士も公家もお歯黒をすることが上流階級の証明であったが、テレビドラマ・映画の俳優たちはお歯黒のメークをしていない。また、中世の女性は正座ではなく立て膝で座るのが普通であり、これは中世の小袖が今の着物よりもゆったりと作られていたため可能であった。

本書では、近代以前のくらし・生活文化・慣習について中世を中心に明らかにし、現代の日本の文化・慣習と共通する点、相違する点などを考え、西洋の影響を受ける以前の日本の生活文化とは何か、日本固有の文化とは何かをさぐりたいと思う。

注

（1）内藤湖南「日本国民の文化的素質」（『日本文化史研究』（下）、講談社学術文庫、講談社、一九七六年）。

（2）ルイス・フロイス著、岡田章雄訳注『ヨーロッパ文化と日本文化』（岩波文庫、岩波書店、一九九一年）。

第一部　日本人の生活—西洋と比較して—

第一章　日本人の性格

1　ザビエルのみた日本人

日本に最初に来たキリスト教の宣教師は、フランシスコ・ザビエル Francisco de Xavier である(1)。ザビエルが日本に滞在したのは二年三カ月の間であった。ザビエルからみた中世末期の日本人はどのような人々であったのであろうか。

フランシスコ・ザビエルは、スペインのバスク地方のナバラにあったザビエル城で一五〇六年に生まれた。父はナバラ王国の王室会議議員であった。ザビエルはパリ大学の聖バルバラ学院で哲学修士を取得した後、同じバスク地方出身で同窓のイグナチウス・デ・ロヨラとともに一五三九年にイエズス会を設立し、同会は翌年にローマ教皇パウロ三世から認可された。ザビエルがポルトガル国王ジョアン三世の命でインド宣教のためにローマを発ってポルトガルに向ったのは、この年にイエズス会が認可される前であった。その頃ヨーロッパの北部では、ルターの宗教改革によりプロテスタントの勢いが増しつつあり、カトリックは勢力回復に努めるなか、カトリック教国のポルトガルは、植民地の

図1　聖フランシスコ・ザビエル像

インド支配のためにイエズス会に宣教師の派遣を要請したのである。ザビエルは一五四一年にポルトガルのリスボンを出航して、翌年インドのゴアに到着した。

ザビエルは、一五四七年にマラッカで日本人のアンジロー（一説にはヤジロー）に会った。そしてアンジローから、日本人が理性的で知識欲旺盛であることを聞き、また、アンジロー自身が優秀であったことから、日本への布教を思い立ったのである。ザビエルがアンジローやトルレス神父、フェルナンデス修道士、従僕たちとともに、アンジローの故郷である鹿児島に到着したのは一五四九年（天文一八）八月一五日（日本の暦では七月二二日）であった。

ザビエルが領主島津貴久《しまづたかひさ》の許可を得て鹿児島に滞在したのは約一年間であったが、来日してから約三カ月後の一一月五日（日本の一〇月一六日）にゴアのイエズス会員宛てに書いた書簡(2)には、日本人について次のように記している。

日本に関して私達がこの地で経験して知り得たことを、私はあなた方にお知らせいたします。第一に、私達が今まで交際してきた人びとは、これまで発見された人びとの中では最良であり、私には異教徒の間には日本人よりも優れている人びとは他にいないと思われます。彼等は非常に親しみやすく、一般的には善良で悪意のない人びとですし、また驚くほど名誉を重視する人びとであって、他の何ものよりも名誉を大切にします。人びとは一般には貧しく、武士の間にもそうでない者の間にも貧乏を恥辱と思う者はいません。彼等の間にはキリスト教徒達のいかなる地方にもないと思われる一つの事柄があります。すなわち、それは武士がいかに貧乏であっても、また武士でないものがいかに裕福であっても、人びとは甚《はなは》だ貧しい武士に対して、たいそう裕福な者にするのと同様の大きな尊敬を払っていることであり、また貧しい武士はいかに多額の財産を与えられようとも武士でない他の階層の者と決して結婚しないことです。彼等は低い階層の者と結婚すれば、名誉を失うと考えているからです。このように、彼等は富よりも名誉を大切に思っています。

ザビエルは、日本人が非常に優れており、親しみやすく善良で、武士はたとえ貧しくとも尊敬され、また名誉を非常に重んじ、相手がどんなに裕福でも武士以外の低い階層の者とは決して結婚しなかったと記している。

日本人の生活については次のようにある。

（前略）食物については質素な人びとですが、飲むことについてはやや寛大であり、米から出来た酒を飲んでいます。と言うのは、この地方には葡萄がないからです。賭博《とばく》は決してしない人びとですが、それは甚だ不名誉なことと考えているからです。賭博をする人びとは他人の物を欲しがり、次には盗人になると考えているからです。彼等は殆《ほと》んど誓約をしませんが、誓約する時は太陽に向って行ないます。大部分の人びとは読み書きができますので、それは祈禱や神の事柄を短期間で習得するのに有力な手段となります。彼等は妻を一人しか持ちません。ここは盗賊が少ない土地です。それは盗人を見つけた時には厳しい裁判を行なって誰でも死刑にしてしまうからです。彼等は盗みの罪をことのほか憎んでいます。人びとはたいへん善意に溢《あふ》れ非常に話好きで、知識欲が旺盛です。彼等は神の事柄を喜んで聴き、それを理解した時には特に喜びます。私はこれまでの人生において見てきたすべての地方の中で、キリスト教徒の土地であってもそうでない土地であっても、盗みについてこれほど廉直な人びとにいまだかつて会ったことがありません。彼等は偶像も獣の姿をした像も礼拝しません。彼等の大多数は昔の人びとを信仰しています。彼等は（私が得た知識によると）哲学者のように生きていた人びとです。多くの人びとは太陽を礼拝し、月を礼拝している人びとも他におります。彼等は道理に叶った事柄を聴くことを喜びます。

（後略）

ここでは酒好きの日本人のことが書かれているが、彼の日本人への賞賛はまだ続く。賭博は行なわれず、盗みは死刑になるので少ないという。また、ほとんどの人は読み書きができるとあり、日本人の識字率が高かったことを示している。なお読み書きなどの教育については第三章で詳述する。日本人の信仰についても触れており、太陽や月を礼拝し、昔の人びとすなわち哲学者のような人々を信仰しているとしている。

このように日本人を誉めているザビエルであるが、僧侶に対しては非常に非難をしている。特に非難の対象となったことがらは、僧侶と少年たちの間で行なわれていた男色であった。そして、一般の人々も男色を罪悪とは思っていないことにも驚いている。当時一般的な風習であった男色については、第二章で詳しく述べる。

その後のザビエルの日本における行動については、ザビエル書簡やルイス・フロイス著『日本史』[3]などから追うことができる。島津貴久が僧侶たちから説得されてキリスト教を禁止したため、ザビエルたちは平戸に行き、領主松浦《まつら》隆信《たかのぶ》の歓迎を受けた。そして、トルレスを平戸に残して山口に立ち寄り、日本語が話せるようになったフェルナンデスを通訳にしてザビエルが街頭で演説をしているうちに、大内義隆《よしたか》に招き呼ばれた。しかし、後にルイス・フロイスがフェルナンデスから聞いた話によると、ザビエルが男色を非難したために義隆を怒らせてしまったという。彼らはさらに堺を経て一五五一年一月に京都に入り、後奈良天皇と将軍足利義輝《あしかがよしてる》に面会しようとしたが、その願いはかなわなかった。この京都におけるザビエル一行のことは日本側の史料にはまったく見えず[4]、当時の世間ではキリスト教宣教師のことはまったく知られていなかったことがわかる。

京都を去ったザビエルたちは、平戸でインドからの荷を受け取ってから再び山口に赴き、今度は大内義隆にインド総督・ゴア司教の書簡と贈り物を贈ったところ、厚遇されて布教を許可された。『大内義隆記』[5]には、そのときの贈り物が「天竺《てんじく》仁ノ送物」として時計、琴（オルゴール）、老眼鏡、望遠鏡など五品であったことが記されている。義隆が陶晴賢《すえはるかた》に滅ぼされたのはその年（天文二〇年）の九月一日（西暦九月三〇日）で、ザビエルたちが義隆に会った直後のことであった。

その後、ザビエルたちは大友義鎮《よししげ》（宗麟）に招かれて豊後府内に行き、その年の西暦一一月一五日に日本を去った。ザビエルが日本を去った理由は、一五五二年一月二九日付インドのコーチン発、ヨーロッパのイエズス会員宛ザビエル書簡(6)によれば、インドの同志たちに会って慰めを得るためであり、また、日本にイエズス会宣教師を連れて来るためであり、日本の地で不足している必需品を調達するためであった。

ザビエルはこの書簡のなかで日本人のことを、「人びとはたいそう賢明で、優れた才能を有して知識欲に溢れ、道理に従い、またその他多くの立派な資質に恵まれています」と記しており、日本人は優れているという彼の日本人観は、来日中ほとんど変わらなかった(7)。

ザビエルは、日本の仏教の源である中国での布教を志していたが、その夢はかなうことなく、一五五二年一二月三日に中国のマカオに近い上川島で四七歳で病没した。

2　ルイス・フロイスの日本人観

(1)　フロイスと『日欧文化比較』

『日欧文化比較』『日本史』の著者ルイス・フロイス Luis Frois は、織田信長と交流があったことでも知られている。一五六三年（永禄六）の来日から一五九七年（慶長二）に長崎で没するまで、三四年間のほとんどを日本で過ごした彼は、ちょうど織田信長と豊臣秀吉の時代の日本で生き抜いた西洋人であった。

ルイス・フロイスは、(8) 一五三二年にポルトガルのリスボンで生まれ、王室秘書庁で書記を務めた後、一五四八年にイエズス会に入会してインドのゴアに赴き、聖パウロ学院に入学して哲学・神学・聖書学等を学んだ。一五五二年には日本から戻って来たザビエルに会っている。一五六一年にパーデレ（司祭）に叙され、学院長・管区長の秘書を務めて、アジア各地からの報告書を取り扱った。そして、一五六二年に日本に派遣され、日本の肥前国横瀬浦に着いたのが翌年七月六日（日本では六月一六日）であった。

フロイスは一五六五年に京都でヴィレラ神父とともに将軍足利義輝に謁見したが、その年の六月一七日（日本の五月一九日）に義輝が三好義継、松永久秀・義久らに攻め殺されると、彼らに京都から追放され、河内国三箇《さんが》に行った後、堺に滞在した。一五六八年に織田信長が足利義昭を奉じて入京すると、翌年フロイスらは信長の許可を得て京都に戻り、信長に伺候した。フロイスら伴天連《ばてれん》は、信長の朱印状と義昭の制札を与えられ、居住の許可、課役免除、妨害を受けることの禁止、などの保護を得ることができた。その年にフロイスらは信長の岐阜城を訪れ、厚いもてなしを受けている。一五七五年（天正三）にはオルガンティーノとともに京都に教会を建て始め、一五七七年に完成して南蛮寺として京都の名所の一つになった。一五八一年には来日中のヴァリニャーノの通訳として信長の安土城を訪れ、信長に同城内を案内されている。フロイスは同年に九州に移ったが、信長が本能寺の変で自刃したのはその翌年のことであった。

フロイスは一五八三年にイエズス会より『日本史』の執筆を命ぜられ、この長編にとりかかる。一五八五年には肥前国加津佐《かづさ》で「日本覚書」（『日欧文化比較』）を書いた。

時代は豊臣秀吉の天下に変わった。フロイスは一五八六年にインド準管区長コエリョの通訳として大坂城で秀吉に謁見しているが、秀吉が伴天連追放令を出したのはその翌年であった。しかし、その後秀吉は伴天連を黙認していた。フロイスは一五九〇年から長崎に定住し、一五九二年（文禄元）には二回目に来日したヴァリニャーノを送りに中国のマカオまで行き、一五九五年に長崎に戻った。一五九七年七月八日（日本の五月二四日）にフロイスは長崎の修道院で六五歳で没した。

『日欧文化比較』は、ヨーロッパと日本の文化・風習の違いを比較して書いたものである。フロイス自筆の原本は、スペインのマドリードの王立歴史学士院図書館に所蔵されており、和紙五枚を二つ折にした形で四冊、合計四〇丁ある。一枚目の序文の末文に「加津佐に於て執筆、一五八五年六月一四日」とあり、本文は一四章、六一一箇条から成る。作成者についてはこの本自体には書かれていないが、筆跡からフロイス自筆と判断されており、また、一五八五年にフロイスが加津佐にいたことが『日本年報』から確認できる。(9)

この本が書かれた目的は、序文に、

（前略）彼らの習慣はわれわれの習慣ときわめてかけはなれ、異様で、縁遠いもので、このような文化の開けた、創造力の旺盛な、天賦の知性を備える人々の間に、こんな極端な対照があるとは信じられないくらいである。両者の相互の間の混乱を避けるために、ここに主の恵みを得て章に分類をおこなうものである。

とあるように、日本の習慣があまりにもヨーロッパの習慣とかけ離れているために、日本人とイエズス会士らとの間の衝突・摩擦・誤解などの混乱を避けるためであった。

なお、この本の日本語訳としては、岡田章雄氏訳注が『大航海時代叢書XI』（岩波書店、一九六五年）に収められ、後に岩波文庫の『ヨーロッパ文化と日本文化』（一九九一年）として出版された。これは、この原本を発見したヨゼフ・フランツ・シュッテ神父が、一九五五年にポルトガル語の原文とドイツ語の訳文を上智大学から刊行したものを、岡田氏が参考にして、ポルトガル語の原文から訳したものである。また、松田毅一氏、E・ヨリッセン氏著『フロイスの日本覚書』（中公新書、一九八三年）にも全文の訳と解説がある。本書では、岡田氏訳注『ヨーロッパ文化と日本文化』から引用しつつ、松田・ヨリッセン氏訳を参考にする。

この本の信憑性については、松田毅一氏などが、かなり信憑性が高いとしつつも、ヨーロッパと日本が相反することを知らせることが目的であるために、特別なことや一部にすぎないことが掲げられていること、また誇張している記述もあることを指摘している。また、フロイスが一六歳でポルトガルを離れ、ヨーロッパに関する知識については、彼の幼少年期の見聞と、同僚から聞いたり書物・通信で知ったことに基づいているとしている(10)。私たちはこれらのことを念頭において同書を読まなければならない。それでも、フロイスが同書を執筆したのは来日してから二三年目のことであり、彼がヨーロッパにいた期間よりも日本で過ごした期間の方が長い。すでにかなり日本に精通しており、日本に関する記述の多くは信用できると考えられるが、それについてはこれから具体的に検討していこう。

(2)　日本人の性格・行動

フロイスの『日欧文化比較』第一四章「前記の章でよくまとめられなかった異風で、特殊な事どもについて」には、西洋人から見て奇異に思われた日本人の行動パターンについていくつか書かれている。それらは、驚くべきことに、現代の日本人の行動パターンとほとんど変わらない。

日本人の感情表現の仕方については、次のようにある（括弧内の数字は項目の番号）。

われわれの間では財産を失い、また家を焼くことに、大きな悲しみを表わす。日本人はこれらすべてのことに、表面はきわめて軽く過ごす。（2）

日本人は火事や地震・水害などの災害にあったとき、もちろん大変な悲痛を感じるのであるが、人前ではそれを面に表わすことを抑えようとする傾向がある。岡田章雄氏は注で、日本が地震などの災害が多いことと、封建道徳の影響をその理由として挙げている。

われわれは怒りの感情を大いに表わすし、また短慮をあまり抑制しない。彼らは特異の方法でそれを抑える。そしてきわめて中庸《ちゅうよう》を得、思慮深い。(57)

これも同様に、日本人が感情表現を抑えていることが指摘されている。この感情表現の抑制は現代の日本人にもみられる行動である。なお、岡田氏が「そしてきわめて中庸を得」と訳している部分は、松田毅一氏、E・ヨリッセン氏訳では「たいそう控え目で」となっている。

次の内容も、現代の日本人と共通する。

われわれの間では偽りの笑いは不真面目だと考えられている。日本では品格のある高尚なこととされている。(35)

われわれの間では礼節はおちついた、厳粛な顔でおこなわれる。日本人はいつも間違いなく偽りの微笑でおこなう。(48)

ここでは日本人の「偽りの微笑」について書かれている。この「偽りの微笑」は、日本人であれば心当りがあると思うが、決して不真面目であるとか、相手をだまそうとかいうものではなく、その場が危機的状況に陥ることを回避するために、雰囲気を和らげて摩擦や深刻さを少しでも減らそうという努力の現れである。しかし、西洋人の目から見れば、不誠実な微笑に見えるのであり、このことは現代の日本人もよく心得ておく必要がある。

言葉の表現については次のようにある。

ヨーロッパでは言葉の明瞭であることを求め、曖昧な言葉を避ける。日本では曖昧な言葉が一番優れた言葉で、もっとも重んぜられている。(36)

これは現代の日本においても、色々な場面であてはまる現象である。曖昧な言葉は西洋人からみればやはり不誠実に思えるのであろう。しかし、曖昧な言葉には、その後のどのような事態にも対応できる利点があり、はっきりと約束しておいて実行せず嘘つきになるよりはましである。多くの日本人はそう思っているのではないだろうか。

われわれの間では人に面と向って嘘付きだということは最大の侮辱である。日本人はそれを笑い、愛嬌としている。(4)

日本人が人に面と向って嘘つきだということを愛嬌にしているとは、現代でも日本人は、相手が信じられないような話をしたときに、よく「うそでしょう?」とか「うそ!」と言うことがあり、このことを指しているのではないだろうか。

フロイスが指摘しているこれら日本人の性格・行動、すなわち、感情を面に表わさない、偽りの微笑、曖昧な言葉は、みな現代の日本人にもあてはまる特徴であり、日本人の民族の特質として変わらない性質であった。

3　ヴァリニャーノの日本人観

(1)　ヴァリニャーノの「日本諸事要録」

アレシャンドゥロ・ヴァリニャーノ Alexandro Valignano は、イエズス会の巡察師として日本に三回派遣された。巡察師は、布教地の会員を指導し、現地の布教事情を調査して報告するために、修道会の総長から派遣される役職のことである。つまり、ヴァリニャーノは、日本のイエズス会宣教師たちの監督と指導、総長への布教状況の報告のために来日したのであり、その報告書が「日本諸事要録[11]」である。

アレシャンドゥロ・ヴァリニャーノは、一五三九年二月九日にイタリアのナポリ王国キエティ市に生まれた。ヴァリニャーノ家は北欧の貴族から出た家であった。ヴァリニャーノはヴェネチアのパドヴァ大学で法学博士の学位を取り、教会法学を研究していたが、在学中に女性に重傷を負わせる事件を起して一時拘禁されていた。彼はこの罪を死ぬときまで後悔していた。一五六六年にイエズス会に入会し、ローマ学院で哲学・神学を学び、一五七三年にインドへの巡察を希望して東インド巡察師に任命され、一五七四年にインドのゴアに赴いた。

彼が日本に巡察師として来たのは三回である。

第一回　一五七九年（天正七）～一五八二年〔東インド巡察師〕
第二回　一五九〇年～一五九二年（文禄元）〔全インド巡察師〕
第三回　一五九八年（慶長三）～一六〇三年〔日本巡察師〕

第一回目の来日では、織田信長に謁見し、安土城をルイス・フロイスとともに訪れた。安土と九州の有馬には神学校（セミナリオ）を設立し、「神学校内規」を作成・発布している。第一回目の巡察を終えたときには、天正少年遣欧使節とともに長崎を発ち、第二回目の来日では帰国する少年遣欧使節と一緒に長崎に着いている。この来日では聚楽第《じゅらくだい》で豊臣秀吉に謁見し、インド副王の書簡を捧呈した。

ヴァリニャーノは、インドのゴアではイエズス会のインド管区長を務め、一六〇六年一月二〇日に中国のマカオで六七歳で没した。

「日本諸事要録」が書かれたのは一五八三年で、第一回目の来日を終えた直後にインドのコーチンで執筆された。そして、第二回目の直後の一五九二年に「日本諸事要録」の補遺一～九が書かれている。これらの原本はローマのイエズス会文書館にあり、写本がポルトガルのリスボンにあるアジュダ図書館に所蔵されている。写本は、写本叢書 Jesuítas na Asia に収録されており、Códice 49-IV-56の第五五～一四五葉が「日本諸事要録」とその補遺一～七の部分にあたる。「日本諸事要録」の日本語版は、松田毅一・佐久間正氏編訳で、『東西交渉旅行記全集第五巻　ヴァリニャーノ、日本巡察記』（桃源社、一九六五年）に翻訳して収められ（佐久間正氏訳）、その後、ヴァリニャーノ、松田毅一氏他訳

『日本巡察記』（東洋文庫、平凡社、一九七三年）として「日本諸事要録補遺」（近松洋男氏訳）も含めて出版された。

「日本諸事要録」が書かれた目的は、前述したようにイエズス会の総長に報告するためであったが、執筆した理由として同書の最初の「献呈の辞」には、「日本においては、その性格、習慣、諸事、取引き、および私たちの生活方法、その他すべてのことが、インドやヨーロッパにおけると異なり、反対でありますから、もし日本に関するきわめて明確で詳細な報告書を作製するのでなければ、ある場合にはその状況や統轄が如何様《いかよう》であるかについて、人人は理解できないのであります」とあるように、日本の生活・習慣ほかすべてのことがあまりにヨーロッパやインドと異なるために、状況の理解に役立てるためであった。ヴァリニャーノは「日本の諸事は、その風習や経験がない他のところでは想像し理解できぬほど複雑新奇である」と記しており、当時はそれほど日本とヨーロッパとでは習慣の違いが大きかったのである。彼の日本人に関する記述は冷静で分析的であり、日本人の長所と短所の両方について述べている。そして、その指摘のいくつかは現代の日本人にもあてはまる。(12)

(2)　日本人の長所

ヴァリニャーノは「日本諸事要録」の第一章「日本の風習、性格、その他の記述」で、日本人の国民性について優れた点をあげ、一般庶民に至るまで礼儀正しく上品で、理解力に優れているとしている。

人々はいずれも色白く、きわめて礼儀正しい。一般庶民や労働者でもその社会では驚歎すべき礼節をもって上品に育てられ、あたかも宮廷の使用人のように見受けられる。この点においては、東洋の他の諸民族のみならず、我等ヨーロッパ人よりも優れている。

国民は有能で、秀でた理解力を有し、子供達は我等の学問や規律をすべてよく学びとり、ヨーロッパの子供達よりも、はるかに容易に、かつ短期間に我等の言葉で読み書きすることを覚える。また下層の人々の間にも、我等ヨーロッパ人の間に見受けられる粗暴や無能力ということがなく、一般にみな優れた理解力を有し、上品に育てられ、仕事に熟達している。

また、ザビエルが指摘していたように、日本人が名誉を重んじたことも指摘している。

日本人は、全世界でもっとも面目と名誉を重んずる国民であると思われる。すなわち、彼等は侮蔑的な言辞は言うまでもなく、怒りを含んだ言葉を堪えることができない。したがって、もっとも下級の職人や農夫と語る時でも我等は礼節を尽くさねばならない。さもなくば、彼等はその無礼な言葉を堪え忍ぶことができず、その職から得られる収入にもかかわらず、その職を放棄するか、さらに不利であっても別の職に就いてしまう。

ザビエルは武士が名誉を重んじたことを記していたが、ヴァリニャーノは下級職人や百姓も名誉を重んじるとした。名誉については、「日本諸事要録」の補遺一でも触れている。そこには日本人が名誉を汚されると腹を切って死ぬことが書かれているが、一方、ヨーロッパ人が面目をかけるようなことについては気に懸けないで看過するという。日本人とヨーロッパ人の名誉に関する価値観には、大きな相違があった。

さらに彼は、日本人の長所として四点を指摘する。すなわち、①忍耐強い、②感情を外部に示さず憤怒の情を抑制、③交際において用意周到で思慮深く感情に走らない、④服装・食事等すべてが清潔で調和している、である。

①忍耐強さについては、次のようにその理由も説明している。

日本人はきわめて忍耐強く、飢餓や寒気、また人間としてのあらゆる苦しみや不自由を耐え忍ぶ。それは、もっとも身分の高い貴人の場合も同様であるが、幼少の時から、これらあらゆる苦しみを甘受するよう習慣づけて育てられるからである。人々は冬でも夏でも、常に頭部を覆うことなく、寒気に身体を晒《さら》すような服装をしている。（中略）

彼等は信じられないほど忍耐強く、その不幸を耐え忍ぶ。きわめて強大な国王なり領主が、その所有するものをことごとく失って、自国から追放され、はなはだしい惨めさと貧困を耐え忍びながら、あたかも何も失わなかったかのように平静に安穏な生活を営んでいるのにたびたび接することもある。この忍耐力の大部分は、日本では環境の変化が常に生じることに起因しているものと思われる。実に日本ほど運命の変転が激しいところは世界中にはないのである。ここでは、何か事があるたびに、取るに足りない人物が権力ある領主となり、逆に強大な人物が家を失い没落してしまう。既述のように、かような現象は、彼等の間ではきわめて通常のことであるから、人々は常にその覚悟をもって生活しているのであり、ひとたび（逆境に）当面すると、当然予期していたもののようにこれに堪えるのである。

ここでは自然現象や人生における苦しみ・不幸を耐え忍ぶことができる理由として、環境の変化の激しさを挙げている。寒気については、暖かい国から来たイタリア人のヴァリニャーノにとっては、日本の寒い冬は特につらかったと思われる。しかし、彼は自然現象よりも運命の転変の激しさを忍耐強さの理由として挙げている。時代はまだ下克上の激しい戦国時代の延長であった。「取るに足りない人物が権力ある領主となり」は、百姓出身の羽柴秀吉が織田信長の重臣として強力化したことを指しているように思われる。また、「強大な人物が家を失い没落してしまう」は、摂津の有力大名であった荒木村重が、信長に謀反を疑われて反旗をひるがえし、居城の有岡城を攻め落とされて妻子・兄弟・家臣を皆殺しにされ、村重自身は安芸国の毛利氏のもとに亡命して隠遁生活を送っていたことを指しているのではないだろうか(13)。

しかし、このような運命の転変の激しさは、この下克上の時代に特に顕著な現象であり、日本人の忍耐強さがこれに起因しているとは思われない。むしろ、冬夏の寒暖の差が激しいことや、岡田章雄氏が『日欧文化比較』第一四章2の注で指摘した地震などの災害が多いことなど、自然現象の変化の激しさや災害の多さの方に原因が考えられる。

長所の②感情の抑制については、ルイス・フロイスも指摘していた。ヴァリニャーノはさらに詳しく説明する。

また彼等は、感情を表わすことにはなはだ慎み深く、胸中に抱く感情を外部に示さず、憤怒の情を抑制しているので、怒りを発することは稀である。したがって彼等のもとでは、他国の人々のように、街路においても、自宅においても、声をあげて人と争うことがない。なぜなら、夫と妻、親と子、主人と使用人は争うことをせず、表面は平静を装って、書状を認《したた》めるか、あるいは洗練された言葉で話し合うからである。それ故《ゆえ》、その国から追放されたり、殺されたり、家から放逐されても、平然とした態度でこれに甘んじるのである。換言すれば、互いにはなはだ残忍な敵であっても、相互に明るい表情をもって、慣習となっている儀礼を絶対に放棄しない。この点について生じることは吾人《ごじん》には理解できぬし、信じられないばかりである。（後略）

感情の抑制は、夫婦・親子や主従の間でも行なわれていたとしている。

戦国時代の教訓書『早雲寺殿廿一箇条』の第一五条には、「常の出言に慎み有べし、一言にても人の胸中知らるゝ者也」とあり[14]、胸中を率直に表わさないように言葉に注意して慎むことをよいとしており、感情の抑制は日本では美徳であった。

長所の③交際における思慮深さは、②の感情の抑制とも共通する。

彼等は交際において、はなはだ用意周到であり、思慮深い。ヨーロッパ人と異なり、彼等は悲歎や不平、あるいは窮状を語っても、感情に走らない。すなわち、人を訪ねた時に相手に不愉快なことを言うべきではないと心に期しているので、決して自分の苦労や不幸や悲歎を口にしない。その理由は、彼等はあらゆる苦しみに堪えることができるし、逆境にあっても大いなる勇気を示すことを信条としているので、苦悩を能うる限り胸中にしまっておくからである。誰かに逢ったり訪問したりする時、彼等は常に強い勇気と明快な表情を示し、自らの苦労については一言も触れないか、あるいは何も感ぜず、少しも気にかけていないかのような態度で、ただ一言それに触れて、あとは一笑に附してしまうだけである。一切の悪口を嫌悪するので、それを口にしないし、自分達の主君や領主に対しては不満を抱かず、天候、その他のことを語り、訪問した先方を喜ばせると思われること以外には言及しない。（後略）

人を訪問したときに、相手にとって不愉快なことを言わないように心掛けることや、天候について話題にすることなど、争いを避けて一致と平穏を好むことは、現代の日本社会においてもみられる傾向である。

現代の日本人論については数多くの著書が出されているが、次に掲げるのは南博氏『日本人論―明治から今日まで』(15)のなかの文章の一つである。

人間関係では相手の立場や態度を尊重して、ホンネよりもタテマエで表面的に相手を立てる傾向が強い。それが集団内では成員同士の間に対立や摩擦が起こらないように、妥協・話合い・付和雷同・玉虫色の解決・曖昧な表現などを心がける集団主義を今日でも持続させている。

日本人が集団内での対立や摩擦を避けてホンネよりタテマエで相手を立てるとする指摘は、ヴァリニャーノの記述と一致する。タテマエ重視の集団主義は、さらに遡れば、聖徳太子の十七条憲法の第一条「和《やわら》ぐを以って貴しとす、忤《さか》ふること無きを宗とす(16)」にたどり着く日本人の民族的特質であった。

長所の④については次のようにある。

服装、食事、その他の仕事のすべてにおいてきわめて清潔であり、美しく調和が保たれており、ことごとく日本人がまるで同一の学校で教育を受けたかのように見受けられる。

先述のザビエル書簡には日本人の大部分が読み書きができたことが書かれていたが、このような教育重視の姿勢が調和的な生活を生み出したのではないだろうか。

(3)　日本人の短所

ヴァリニャーノは「日本諸事要録」の第二章「日本人の他の新奇な風習」で、日本人の短所を指摘している。日本人に長所・短所の両面があることについて、「日本人は非常に優れた風習や天性を具有し、それによって、世界のもっとも高尚で思慮があり、良く教育された国民に匹敵しながら、一方悪い面を有して、この点ではそれ以下がないほど悪いのである。日本人の中に、この善悪の矛盾があり、同じ人々の間に、極端な両面が同居していることは、はなはだ不可思議である」とし、悪い面の原因を、悪魔や仏僧が教える邪悪な宗教と、貧困や打ち続く戦乱としている。

彼は日本人の短所として五点を指摘する。すなわち、①男色、②主君に対する忠誠心の欠如、③偽りを装う、④簡単に人を殺す、⑤飲酒・過食の宴、である。

①男色については、第三章で詳しく考察する。

②の忠誠心の欠如は、日本人の意外な側面である。

この国民の第二の悪い点は、その主君に対して、ほとんど忠誠心を欠いていることである。主君の敵方と結託して、都合の良い機会に主君に対し反逆し、自らが主君となる。反転して再びその味方となるかと思うと、さらにまた新たな状況に応じて謀叛《むほん》するという始末であるが、これによって彼等は名誉を失いはしない。事情かくのごとくであるから、自領に安堵《あんど》して居れる者は皆無であるか、あるいはごく僅《わず》かであり、我等が今見るように激しい変転と戦乱が続いているのである。したがって、血族や味方同士の間で、数多の殺戮と裏切行為が繰り返される。そうしなければ、領主は自分の希望が達成できないからである。(中略)実際、日本における主従関係ははなはだ放縦で、ヨーロッパにおけるとは異なり、諸領主の支配権なり地位は我等のものと違っているので、彼等の間に裏切りや謀叛が起こるのは不思議とするに足りない。(後略)

日本人は状況に応じて主君に反逆し、血族・味方同士で殺し合いや裏切りが繰り返されているという。その原因として（中略）の部分には、本来の正当な君主である内裏《だいり》に服従せずに、日本が多数の諸領主に分割されて、領地獲得のために戦乱が続いているとし、また、（後略）の部分では仏僧も謀叛の主役や黒幕を演じるとしている。

日本人が状況に応じて態度を変えることは、第二次世界大戦後の日本人についても指摘されている。ルース・ベネディクト氏は著書『菊と刀』（一九四六年）のなかで、天皇に忠誠を誓っていた日本人が、第二次大戦後に態度がまったく変わって外来者に協力ぶりを示すようになったことについて、日本人は一つの行動から他の行動へ転換しうるとし、西欧人にはこの矛盾が信じられないと書いている(17)。これと関連して、浜口恵俊氏は『「日本らしさ」の再発見』で興味深い事例を挙げている。すなわち、バスの乗り方について、日本人（和歌山県）とアメリカ人（ハワイのホノルル市）の行動を比較し、日本人は車掌の指示に従わずに、乗って来る乗客の状況に応じて補助席に座ったが、アメリカ人は車内がどんな状況でも乗車・着席の仕方は決められた型の通りであったとし、日本人が特定的状況に臨機応変に対応するのに対し、アメリカ人は状況のいかんを問わず一定の公共的な価値観や集団的規範に従うとしている(18)。日本人が状況に応じて主君を裏切り謀叛したり再び味方になったりするというヴァリニャーノの記述は、ベネディクト氏や浜口氏が指摘する日本人の行動の臨機応変な転換と共通するものがあり、日本人の民族性とみてよい。

次の短所③偽りを装うことは、長所の②感情の抑制、③交際における思慮深さの裏返しでもある。

日本人の第三の悪は、異教徒の間には常に一般的なものであるが、彼等は偽りの教義の中で生活し、欺瞞《ぎまん》と虚構に満ちており、嘘を言ったり陰険に偽り装うことを怪しまないことである。このことが日本において特にはなはだしいのは、日本人はあらゆる場合に自分は思慮深いと述べ、そのように努めるからである。（中略）既述のように、もしこの思慮深さが道理の限度を越えないならば、日本人のこの性格から、幾多の徳が生まれるであろう。だが日本人はこれを制御することを知らぬから、思慮は悪意となり、その心の中を知るのに、はなはだ困難を感じるほど陰険となる。そして外部に表われた言葉では、胸中で考え企てていることを絶対に知ることはできない。

ここで述べられている、日本人の言っている言葉からは本心がわからないとする指摘は、長所のところで引用した南博氏の記述の「ホンネよりもタテマエ」にあてはまる。タテマエは、西洋人にとっては「嘘」や「偽り」に思われるのである。

短所の④については、「第四の性格は、はなはだ残忍に、軽々しく人間を殺すことである」とし、些細なことで家臣を殺害し、不運にも出くわした人間を真二つに斬り、戦乱の際には民衆を殺戮し、自らの腹を切る、また、母親が子供を流産させたり、赤子の首に足をのせて窒息させるのは、貧困のためだけでなく、仏僧が尼僧との関係を隠蔽《いんぺい》するためもあるとしている。

短所の⑤については、「日本人の第五の悪は、飲酒と、祝祭、饗宴に耽溺《たんでき》することである。その為には多くの時間を消費し、幾晩も夜を徹する」と述べて、これによって日本人の優秀な天性が損なわれているとした。

短所の④は、現代の日本の社会とはかけ離れた乱世の社会事情と考えられるが、⑤の飲酒・饗宴に関しては、現代の日本人にも共通する点があると思われる。学生たちの仲間の集まり、会社などの組織集団などで行なわれる飲み会や宴会では、泥酔して醜態をさらすこともしばしばある。どうやらこの淵源《えんげん》は古く、日本人の民族性といえるかもしれない。

注

（1）フランシスコ・ザビエルについては、吉田小五郎『ザヴィエル』（人物叢書、吉川弘文館、一九五九年）、河野純徳訳『聖フランシスコ・ザビエル全書簡1』第一章「生いたち、パリ遊学とイエズス会の創立（一五〇六―四一年）」（東洋文庫、平凡社、一九九四年）、岸野久『西欧人の日本発見―ザビエル来日前　日本情報の研究―』（吉川弘文館、一九八九年）、同『ザビエルと日本―キリシタン開教期の研究―』（吉川弘文館、一九九八年）、同『ザビエルの同伴者　アンジロー』（歴史文化ライブラリー、吉川弘文館、二〇〇一年）、五野井隆史『日本キリスト教史』（吉川弘文館、一九九〇年）、同『日本キリシタン史の研究』（吉川弘文館、二〇〇二年）、結城了悟「ザビエルと日本―人間と文化の出会い―」（ザビエル渡来450周年記念行事委員会編『「東洋の使徒」ザビエルⅠ』上智大学、一九九九年）など参照。

（2）東京大学史料編纂所編『日本関係海外史料　イエズス会日本書翰集　訳文編之一（上）』（東京大学史料編纂所、一九九一年）二九。

（3）ルイス・フロイス（松田毅一・川崎桃太訳）『完訳フロイス日本史6　大友宗麟篇Ⅰ』（中公文庫、中央公論社、二〇〇〇年）。

(4) 清水紘一『織豊政権とキリシタン―日欧交渉の起源と展開―』(岩田書院、二〇〇一年) 一〇三頁。
(5) 『群書類従』第二一輯、合戦部 (続群書類従完成会)。
(6) 東京大学史料編纂所編『日本関係海外史料　イエズス会日本書翰集　訳文編之一(下)』(東京大学史料編纂所、一九九四年) 四七。
(7) ザビエルの日本人観が変わらなかったことについては、海老沢有道『日本キリシタン史』(塙選書、塙書房、一九六六年) 六九頁などで指摘しているが、五野井隆史「ザビエルの日本認識と宣教師像」(同『日本キリシタン史の研究』第一章、注(1)) では、主従関係に対する認識については下克上の世相・社会を実感して変化がみられるとしている。
(8) ルイス・フロイスについては、ルイス・フロイス (柳谷武夫訳)『日本史1』解説 (東洋文庫、平凡社、一九六三年)、松田毅一、E・ヨリッセン『フロイスの日本覚書』(中公新書、中央公論社、一九八三年)、ルイス・フロイス著、松田毅一・川崎桃太訳『完訳フロイス日本史1　織田信長篇Ⅰ』(中公文庫、中央公論社、二〇〇〇年) 解題など参照。
(9) 松田毅一、E・ヨリッセン『フロイスの日本覚書』第一章「謎を秘めた文書」。
(10) 松田毅一、E・ヨリッセン『フロイスの日本覚書』一四三〜六頁。
(11) ヴァリニャーノと「日本諸事要録」については、ヴァリニャーノ (松田毅一他訳)『日本巡察記』(東洋文庫、平凡社、一九七三年)、井手勝美『キリシタン思想史研究序説』(ぺりかん社、一九九五年) 参照。
(12) 井手勝美「東インド巡察使A・ヴァリニァーノの日本人観」(『キリシタン研究』第一二輯、一九六七年、同『キリシタン思想史研究序説』所収、注(11)) で、ヴァリニャーノが第二回日本巡察後にまとめた補遺八 (ヴァリニャーノ『日本巡察記』には未収録) を紹介し、彼が指摘した日本人の性格のあるものは、現代の日本人にも依然として存続していることを指摘している。

(13)　荒木村重とその一族の悲劇については、一五八〇年一〇月二〇日（豊後発）ロレンソ・メシヤ書簡（村上直次郎訳、渡辺世祐註『異国叢書　耶蘇会士日本通信下』、六七、一九二八年、復刻、雄松堂書店、一九六六年）、ルイス・フロイス『日本史』第五〇章（第二部二八章）などに書かれている。
(14)　『日本思想大系　中世政治社会思想　上』（岩波書店、一九七二年）三五五頁。
(15)　南博『日本人論―明治から今日まで』（岩波書店、一九九四年）三九二頁。
(16)　『日本思想大系　聖徳太子集』（岩波書店、一九七五年）一三頁。
(17)　ルース・ベネディクト『菊と刀』（長谷川松治訳、社会思想社、一九七二年）第一〇章「徳のジレンマ」。
(18)　浜口恵俊『「日本らしさ」の再発見』（講談社学術文庫、講談社、一九八八年）Ⅰ「日本人の行動パターン―状況中心の行為」。

第二章　男女関係と夫婦関係

1　男と女とジェンダー

イエズス会士たちが日本の女性について書いた記述からは、意外な日本女性の姿が浮かび上がってくる。

婦人は男子のように馬に乗って道を行く。（ヴァリニャーノ「日本諸事要録」[1] 第二章から）

ヨーロッパの女性は横鞍または腰掛に騎《の》っていく。日本の女性は男性と同じ方法で馬に乗る。（ルイス・フロイス『日欧文化比較』[2] 第二章49）

日本の女性は、男性と同じようにして馬に乗ったという。戦国時代の女性が男性と同じ姿勢で馬に乗った姿は、上杉本『洛中洛外図屏風』の右隻に描かれており（図2）、右のヴァリニャーノとルイス・フロイスの記述を裏づけている。この時代の小袖は現在よりも身頃の幅が広くゆったりと仕立てられていたため、女性の馬乗りは可能であった。馬は男性に限らず女性の乗り物でもあったのであり、戦国時代の女性は意外と活動的であった。

図２　馬に乗る女性（上杉本『洛中洛外図屏風』より）

さらに、ルイス・フロイス『日欧文化比較』第二章「女性とその風貌、風習について」には、日本の女性の自由な行動について書かれている。

ヨーロッパでは娘や処女を閉じ込めておくことはきわめて大事なことで、厳格におこなわれる。日本では娘たちは両親にことわりもしないで一日でも幾日でも、ひとりで好きな所へ出かける。(34)

ヨーロッパでは妻は夫の許可が無くては、家から外へ出ない。日本の女性は夫に知らせず、好きな所に行く自由をもっている。(35)

ヨーロッパでは夫が前、妻が後になって歩く。日本では夫が後、妻が前を歩く。(29)

これらの記述は、親や夫に従順な日本女性というイメージを打ち消すものである。

男尊女卑の思想は、ヨーロッパ社会の方がむしろ強かったことは、ヨーロッパ社会を支配したキリスト教の教えから読み取れる。

『新約聖書』のパウロ書簡「コリント人への第一の手紙」第一一章には次のようにある。(3)

すべての男性の頭《かしら》はキリストであり、女性の頭は男性であり、キリストの頭は神であるということを、あなたがたに知っていてほしい。

このパウロ書簡では、男性を女性の上に置き、女性を男性の従属者とみなしている。『旧約聖書』「創世記」第二章では、男のあばら骨で女を造ったとしており、女は男の一部であった。

日本にも男尊女卑の思想は存在した。「三従」の教えというものがあり、女性は子供のときは父に従い、嫁しては夫に従い、夫の死後は子に従うとしている。この「三従」を日本固有の道徳と思っている人がいるかもしれない。しかし、「三従」は中国の儒教の教えである。すなわち、中国の戦国時代中期（紀元前三世紀）頃成立の『儀礼《ぎらい》』喪服伝には、「三従」について次のように記している。(4)

婦人に三従の義ありて、専用の道なし。故《ゆえ》にいまだ嫁《か》せざれば父に従い、既に嫁すれば夫に従い、夫死すれば子に従う。（原漢文）

また、前漢末頃（紀元前一世紀頃）成立の『礼記《らいき》』郊特牲編にも、(5)

婦人は人に従うものなり。幼くしては父兄に従い、嫁しては夫に従い、夫死すれば子に従う。（原漢文）

とある。『礼記』は、儒教の四書・五経の典籍のうち、五経の一つである。これら儒教の古典が日本に流入して教育書の役割を果たし、「三従」は一般に広まった。

日本でも「三従」の教えはさまざまな文献にみえる。室町時代に成立した軍記物の『義経記《ぎけいき》』巻三に「三従の恩愛男に離れて便りなし」(6)（三従の恩愛により女は男から離れては頼る者がいない）とあるなど、日本の中世社会にも「三従」の思想は定着していた。(7) 鎌倉時代に『御成敗式目』を制定した幕府の執権北条泰時《ほうじょうやすとき》は、制定について記した書状に、「従者主に忠をいたし、子親に孝あり、妻は夫にしたがはゞ」(8)と書いており、妻は夫に従うべきものという泰時の道徳観が表れている。これも「三従」の影響であろう。しかし、『御成敗式目』の法令自体には、女性を従属者とみなす内容はほとんどみられない。

また、仏教においては、『法華経』第一二章「提婆達多品《だいばだったほん》」で女性には「五障」があり、すなわち梵天《ぼんてん》・帝釈天《たいしゃくてん》・魔王・転輪聖王《てんりんじょうおう》・仏身に女性はなることはできないとしている。また、男子に姿を変えることによって成仏できる「変成《へんじょう》男子」の思想が日本で広まり、さらに、室町時代に中国から日本に入ってきた『血盆経』は、女性が出産や月経の血で地をけがす存在であるとして地獄に落ちるとした。これらは、日本の中世社会において女性への差別を増長させたと考えられている。(9)

しかし、一五五二年一月二九日（コーチン発）フランシスコ・ザビエル書簡(10)（ヨーロッパのイエズス会員宛）には、次のような興味深い記述がある。

> 彼等（日本の坊主達）はさらに、これらの五戒を守らない女性達には地獄から逃れるすべがまったくないと説教しています。そして、月経があるためにどの女性も世の中の男性すべてが持っているよりも深い

罪を持っている、と理屈をつけて、女性のような穢《けが》れた者が救われることは難しい、と述べています。しかし、女性達が男性達以上に多くの喜捨をするならば、地獄から逃れる方法が必ず彼女達にある、と最後に話します。

つまり仏教の僧侶たちは、女性は月経のために男性より深い罪を負い地獄に落ちるが、自分たち僧侶に男性よりも多くの寄進をすれば地獄に落ちなくてすむ、と女性たちに説教をして彼女たちから多くの金銭を得たというのである。「五障」「変成男子」『血盆経』の思想が広まったのは、女性への差別観だけではなく、寺院の僧侶たちが経済的収入を増やすために利用した面もあったといえよう。

一方、中世の日本には、女性の力を認める考えが存在したことも事実である。慈円の著した史書『愚管抄』(11)巻六の次の文は有名である。

女人入眼ノ日本国イヨ〱マコト也ケリト云ベキニヤ。

鎌倉時代の初めに、関東の幕府では北条政子とその弟北条義時が政治を行ない、京都の朝廷では後鳥羽上皇の女房の卿二位（藤原兼子）が権勢を誇り、慈円は、位記に最後に氏名を書き入れるごとく女性が政治の最後の仕上げをすることはますます本当のことである、としている。

女性による政治を認める思想は、元関白の一条兼良《かねよし》が室町幕府の若き将軍足利義尚《よしひさ》のために文明一二年（一四八〇）に著した『樵談治要《しょうだんちよう》』にも、「簾中《れんちゅう》より政務をゝこなはる、事」として書かれている。(12)

此日本国をば姫氏国といひ、又倭王国と名付て、女のおさむべき国といへり。されば天照太神は始祖の陰神也。神功皇后は中興の女王たり。此皇后と申は八幡大菩薩の御母にて有しが、新羅・百済などをせめなびかして足原《あしはら》国をおこし給へり。目出かりし事ども也。又推古天皇も女にて、朝のまつり事を行ひ給《たま》ひし時、聖徳太子は摂政し給て、十七ヶ条の憲法などさだめさせ給へり。其後皇極・持統・元明・元正・孝謙の五代も皆女にて位に付、政をおさめ給へり。（中略）ちかくは鎌倉の右大将の北の方尼二位政子と申しは、北条の四郎平の時政がむすめにて二代将軍の母なり。大将のあやまりあることをも此二位の教訓し侍《はべり》し也。大将の後は一向に鎌倉を管領せられていみじき成敗ども有しかば、承久のみだれの時も二位殿の仰とて義時も諸大名共に廻文をまはし下知し侍りけり。（中略）されば男女によらず天下の道理にくらからずば、政道の事、輔佐の力を合をこなひ給はん事、さらにわづらひ有べからずと覚侍り。

ここでは、天照大神《あまてらすおおみかみ》・神功皇后《じんぐうこうごう》、六人の女性天皇と北条政子などを挙げ、男であれ女であれ、天下の道理をよくわかっている人物であれば、政治を行なうのは当然である、としている。

この『樵談治要』は、前将軍足利義政《よしまさ》の正室で義尚の母である日野富子《ひのとみこ》の時代に書かれたので、当時権力があった富子のことを考慮して書いたものであるという見方がある。(13) しかし、富子の死後三〇年以上たった大永八年（一五二八）に伊勢貞頼が著した武家故実書『宗五大草紙《そうごおおぞうし》』にも、「此日本国中ハ倭国とて女もおさめ侍るべき国也」として『樵談治要』と同じような内容を書いており、「されば男女によるべからず」とある。[14]『樵談治要』の「女のおさむべき国」は、富子への配慮ばかりではないといえよう。

中世社会には、「三従」の思想など女性への蔑視観があったが、一方では、女性も政道をわきまえていれば政治を行なうのは当然であるとする、実力重視の男女平等思想もまた存在したのである。中世の日本では、ジェンダー（社会・文化的性差）は同時代のヨーロッパよりは少なかったのではないだろうか。

2　夫婦のあり方

(1)　夫と妻と妾

一般に正妻は一人であるが、誰でも望むだけの妾《しょう》を有し、正妻を棄てたい時には、離婚して他の女と結婚するが、その為に夫妻のいずれにも悪感情は残らない。

（ヴァリニャーノ「日本諸事要録」第二章より）

妻は一人であることはフランシスコ・ザビエルの書簡[15]にも書かれており、妾は何人でも持つことができた。

妾がいる理由については、ザビエルと一緒に日本に来たジョアン・フェルナンデス修道士が山口の人々に一夫一婦を説いたときに、彼らは次のように反論している[16]。

彼等（山口の人々）は、もし神が万物を子孫繁栄のために創ったならば、一人の男が一人の女によって子息達を持つことができない時には幸せにこれを得るために罪なく他の女を娶《めと》ることができる、と言いました。私達は、神が授けて下さらないならば人間は自分の力だけでは子供を持てないし、また神が授けることをお望みにならないならば、たとい多くの女性を娶ったとしても子供を得ることはできない、と彼等に答えました。

山口の人々は、正妻に子供ができない場合は、妾を持っても罪にはならない、子孫繁栄のために万物を創造した神の意思に反しない、というのである。これに対しフェルナンデスは、子供ができないのは神の意思であると言っている。

日本では確かに妾を持つことを認めていたが、しかし、複数の女性と婚姻関係を結ぶことは仏教的にはよくないという意識も存在した。

一三世紀中頃に書かれた北条重時家訓（極楽寺殿御消息）には、「人の妻をば心をよく〳〵見て、一人をさだむべし。かりそめにも其外に妻をさだめて、かたらふ事なかれ。ねたましき思ひ積もりて、あさましくあるべし。されば其罪にひかれて、必地獄にもおちぬべき也[17]」とあり、妻は一人にせよ、複数の妻を持てば、妻たちの間で嫉妬心が起きてあさましくなり、自分も地獄に落ちるとしている。

仏教には「十善戒[18]」（一〇種の善）があり、その一つが「不邪淫」であった。『新古今和歌集』の「釈

教歌」の部には、「不邪淫戒」と題した次の和歌がある。(19)

さらぬだに重きが上のさよ衣わがつまならぬつまな重ねそ

この和歌は、『太平記』巻二一で、高師直《こうのもろなお》から恋文を受け取った塩冶判官高貞《えんやほうがんたかさだ》の妻が、師直への返事に使っている。高貞の妻はすでに未亡人であったが、師直に妻以外の女性と浮気をするなと諭したのであった。

また、室町時代の御伽草子《おとぎぞうし》（短編小説）の『磯崎』にもこの和歌が引用されている。『磯崎』では、磯崎殿の女房が夫の留守中にその妾を打ち殺してしまい、出家して菩提《ぼだい》を弔い諸国を巡り歩いた。作者は磯崎殿に対して「一人女房は死して別れ、一人は生きて別る、、唯偏《ただひとえ》に自らが為す咎《とが》なり(20)」、つまり、二人の女房を失ったのは磯崎殿自身の罪によるものとして、右の和歌を引用している。ここでも妻以外に女性を持ったことを罪としている。

なお、磯崎殿の女房のように、本妻や前妻が後妻を嫉妬して打つことを「うわなり打ち」という。「うわなり」は後妻のことである。ちなみに前妻は「こなみ」といい、「こなみ」「うわなり」は『日本書紀』巻三で神武天皇が歌った来目歌《くめうた》のなかにみえる。「うわなり打ち」は、江戸時代には「騒動打ち」という風習に儀式化した。

妻のほかに妾を持つことは、仏教では不邪淫に反する行為に相当し、また、妻とのトラブルを避けるためにも、女性は妻一人だけにした方がよいとする社会的通念は存在していた。

次に引用する『世鏡抄《せきようしよう》』(21)からもそのことはうかがえる。『世鏡抄』は、中世末期～近世初期頃に成立したとされる教訓書で、そのなかの第二六「夫妻大法之事」は、この頃の夫婦関係を表すものとしてしばしば一部分が引用される。

夫は妻を深く思い量て、愚痴の罪、嫉妬の科をなためて、水の器にしたかい、弓の弦にひかれ、草木の風に靡《なびく》か如く妻を習らはすへし。公儀を妻にいわれて本とし、沙汰を妻に任て用ひ、無益之事を云を領掌すれは、人を失ひ、我は又名を失ひ家を失也。只妻をは世帯目代《もくだい》、愁歎のなくさみ、第一に男子・女子を儲《もうけ》ん為はかりと心得へし。或は嫉妬を心中にさしはさみて由無き者を疑ひ、咎《とが》なき夫に面を赤め、或は常に嗔恚《しんい》を専として、貴賤上下を悪《にく》み、善事をは首をふり、悪事には咲《わら》ひ悦《よろこ》は、急き離別せよ。是を用久く置は儲たる子も嫉妬の心より生したれは、男子なから女義也。かゝる女は先生に仏法を不聞、毒虵《どくじや》・鬼神か人と成て心得へし。貌形《ぼうぎよう》いつくしく心和に、世帯堅く、夫を尊敬し、人を恥ち世を敬ひ、今生の名を思ひ、後生の道を思ふ女は、先生も人なるか、仏法を聞きかゝる世に生れ、大菩薩功徳天女と思て、妻なから敬いかしつくへし。佗女に嫁するとも、妻には深く陰せ。是男の大法也。妻も又夫旦暮弓箭兵杖諸家之芸能をは嗜まずして、由なき雑子奴に手をかけ召仕ひ、女に心をよせて科無き妻をもしかり、女房達なとを追出し、扶持人を追出し、纔《わずか》の所領を女に失損せは、子ありとも打捨遑《いとま》を乞い、よき夫を儲よ。夫暇を得させすんは、首を剃り、尼に成て、夫に恥を与よ。只夫妻は水と魚との如くなれ。水は女魚は夫、魚遊戯すれとも水色をかえす。水又流うすまけとも魚更に水を離れず。去は心中のよき夫婦をは水と魚の如と云へり。（中略）故人云く、女人は弓の如く、男子は絃《いと》の如し。夫は風、妻は草、吹に任て靡か如し。

ここでは、夫と妻のあるべき姿を説き、妻は草、夫は風であり、草が風になびくように、夫は妻を教育せよとある。

妻の役割としては、①世帯の目代、すなわち夫に代わって家の諸事を処理すること、②愁歎の慰め、③男子・女子を産むこと、を挙げている。そして、もし嫉妬深くて怒りっぽく、悪事を喜ぶ妻であれば、ただちに離別せよという。しかし、妻が愛らしく心和やかで、倹約家であり、夫を尊敬し、世間や後生を大切にする妻であれば、夫は妻を天女と思って敬いかしずけ、ともある。

なお、他の女性と不倫した場合は妻には隠せ、とあるのは、やはり妾を持ったことが発覚すると、妻とのトラブルが発生する可能性が高かったことを示している。

一方、妻は、夫が武芸などの諸芸を怠け、下女に心を寄せて妻をしかり、侍女や扶持人を追い出し、他の女のために所領を失うありさまであれば、子供がいても夫から暇をもらって他によい夫を得よ、夫が暇をくれなければ尼になって夫に恥をかかせよ、とある。

この『世鏡抄』では、夫主導の家庭を説いているが、夫や妻がそれぞれの務めを果たさず夫・妻として失格であれば、配偶者と離別せよとしており、必ずしも男尊女卑、夫婦不平等とはいえないであろう。

ところで、フェルナンデス修道士が説教をしたように一夫一婦を説くキリスト教が、夫婦平等であるかというと、そうではない。『新約聖書』のパウロの名による書簡「エフェソ人への手紙」第五章には、「女たちは主に従属するように、自分の夫に従属しなさい。キリストもまた教会の頭であり、キリスト自身その体の救い主であるように、夫は妻の頭であるのだから。そして教会がキリストに従属するように、女たちもまたすべてのことについて夫に従属しなさい(22)」とあり、妻は夫に従属した存在とされている。夫・妻の主従関係は、キリスト教社会の方がより一層明確であった。

(2)　夫婦別財

イエズス会士たちの記録のなかで、日本の夫婦別財に関する記述は注目すべきものである。

ヨーロッパでは財産は夫婦の間で共有である。日本では各人が自分の分を所有している。時には妻が夫に高利で貸付ける。（ルイス・フロイス『日欧文化比較』第二章30）

ヴァリニャーノ「日本諸事要録」第二八章にも、「妻及び子供の一人一人が家屋と地所を所有し」とある。これらの記述によれば、日本では、妻は夫とは別に自分の財産・所領・家屋を持っていたことになる。

ヨーロッパでは、地域によって異なるが、基本的には夫が夫婦の共有財産を管理した(23)。フランス北部の慣習法地域では、妻は共有財産の管理権を持たず、夫は単独で全財産を処分することができた。[24]
日本の夫婦が財産を別々に所有していたことは、日本の諸史料から確認できる。
一五世紀末の公家《くげ》の山科《やましな》家では、家領である山城国鳥羽六段半の田地からの年貢米のうち、五斗が当主言国《ときくに》の妻の分として定められていた。彼女にはこの他にも、他の山科家領からの収入の一部が夫とは別に支給されていた。[25] また、武家の島津家の場合は、慶長四年（一五九九）頃の史料によれば、島津家の知行地六一万九四三〇石のなかに、島津家久の妻の分として一万石、義久・義弘の妻の分として一万二八〇〇石があった。[26]
豊臣秀吉の正妻北の政所（おね）も、秀吉とは別に独自の所領を持っていた。[27] 次にあげるのは、天正二〇年（一五九二）に秀吉から北の政所に与えられた朱印状[28]である。

知行方目録之事

一、千石　　平野庄
一、千石 定納 但金子拾九枚　　同
一、三百六十九石 定納 但びた銭三百六十九貫文 計米して　　同
一、三千九百八十石　　天王寺
一、千四百五石弐斗四升　　きれ

一、四百四十壱石弐斗弐升　ゆやの嶋
一、三百九十壱石八斗一升　たしま
一、四百九十石九斗弐升　中川
一、四百拾八石弐升　かたゐ
一、三百五石五斗　はやし寺
一、弐百石　玉つくり

合壱万壱石七斗

右、全可レ有二領知一候也、

天正廿年三月廿三日　（朱印）（豊臣秀吉）

北の政所殿

北の政所の所領として、摂津国平野荘や天王寺などに合計一万一石七斗の知行地があった。文禄四年（一五九五）正月一一日の秀吉朱印状[29]では、さらに増えて一万五六七二石が北の政所の知行地になっている。

戦国大名の分国法にも夫婦別財はみられる。慶長二年の『長宗我部氏《ちょうそがべし》掟書《おきてがき》』第一〇〇条には、惣領が一族中に分配する分として、「父ニハ分限十分一、母ニは弐十分一、但、父母一所ニ有レ之者、父へ之わけ分を以、相ともに可レ令二堪忍一」[30]とあり、父には惣領の所領の一〇分の一、母には二〇分の一を分け与えよ、ただし、父母が一緒に住んでいれば、父の分で父母の分とせよとしている。これによれば、父母が別居していれば別財にせよということであり、また、父母が別居している方が多かったことがうかがえる。

夫婦別居については、古河公方《こがくぼう》足利義氏の娘の古河姫君が一〇歳で家督を継ぎ、一族の頼氏と結婚した後も、喜連川《きつれがわ》居住の頼氏とは同居せずに古河に住み続け、元和六年（一六二〇）に古河で没した(31)という例がある。

夫婦別居については今後さらに検討しなければならないが、夫婦別財に関しては、ルイス・フロイス、ヴァリニャーノの記述は、当時の日本の状況を率直に語っていると理解してよいと思われる。

3　密懐・密通

密通のことを中世では密懐《みっかい》という。密懐とは、男性が人妻と不倫をすることである。ヴァリニャーノ「日本諸事要録」第二章には、密懐について次のような記述がある。

結婚している女の不義に対して死罪があり、夫や親族は平然と姦婦を、その相手と共に殺すが、日本人は自分の妻を信頼しているから、妻が不義を犯すというようなことは、ほとんど考えない。密懐した妻を、夫や親類がその密懐の相手と一緒に殺害するという。しかし、夫は妻が不倫をするとはほとんど考えない、というのは、実際には妻が不倫をしていてもほとんど夫に知られていない現状をいっていると思われる。ヴァリニャーノは教会で懺悔《ざんげ》（告解）のときに、信者になった男・女から密懐の告白[32]をいくつも聞かされていたことが想像される。

戦国時代では、密懐した男女を殺害することが慣習であったことは、次のニコラオ・ランチロットの日本報告[33]にもみえる。ランチロットはインドのゴアの聖パウロ学院院長で、鹿児島出身の日本人アンジロー（一説にヤジロー）は一五四八年にゴアの大聖堂で洗礼を受けた[34]。この日本報告は、同年にランチロットがアンジローから聞いた話を書き留めたものである。

一般的には、すべての者が唯一人の女性と結婚します。また彼《アンジロー》が言うには、妻がなすべからざることを行ない、夫がその行為を見つけた場合には（アジュダ古写本は「彼が彼女を不義者と一緒に見つけたならば」とある）、夫はその男と妻とを殺すのが習慣です。そして、夫が〔そのうちの〕一人しか殺さない時には、彼に対して裁判を行ない、彼を殺します。そして夫がどちらも殺さない時には、彼は著しく名誉を傷つけられます。彼がさらに言うには、妻についての悪い評判が立ち、そしてその行為を見つけることができない場合には、彼女はその父の家に戻されます。これは夫の不名誉とはならず、彼は他の女性と結婚することができます。そして、そのような妻は絶えず不名誉の誹《そしり》を受け、その後は誰も彼女と結婚しようとはしません。

夫が密懐をした妻と姦夫を殺さなければ非常に名誉を傷つけられたという。また、妻に密懐の噂が立っても、証拠がなければ妻は殺されずに実家に戻されるが、不名誉の非難を受けたという。ここでは名誉が大きな問題とされている。

この密懐した妻・姦夫を夫が殺害するとした慣習法を、近代の旧刑法(35)第三五三条にある妻の姦通罪と同類に考えてはならない。なぜならば、旧刑法の方は姦通した妻に対する処罰という性格のものであるが、中世の密懐法は姦夫の方を処罰の第一の対象としているからである。以下、中世の密懐法について具体的にみていこう。

平安末期・鎌倉前期頃に書かれた、律令の解釈書『法曹至要抄(36)』上の第四一条「強和姦事」では、養老律令の雑律について解釈し、人妻を強姦した場合は徒《ず》（労役刑）二年半、女性も同意した和姦の場合は女性も同罪とする、としている。この書は、次の『御成敗式目(37)』に影響を与えた。

鎌倉幕府の執権北条泰時らが編纂し、貞永元年（一二三二）に制定された『御成敗式目(37)』の第三四条が「他人の妻を密懐する罪科の事」である。

右、強姦・和姦を論ぜず人の妻を懐抱するの輩、所領半分を召され、出仕を罷《や》めらるべし。所帯なくば遠流に処すべし。女の所領同じくこれを召さるべし。所領なくばまた配流せらるべきなり。

人妻と密懐した男性は、強姦でも和姦でも、所領半分没収・出仕罷免とされ、所領がなければ流罪で、女性もまた同罪としている。

これら『法曹至要抄』『御成敗式目』では、それぞれの事書の「強和姦」「他人の妻を密懐する罪科」の主体は姦夫の男性であり、内容においてもまず姦夫の方の罪が問題となっている。これは人妻に手を出す男性が後を絶たず社会問題となったため、このような法が規定されたと考えられる。それは強姦の場合もあれば、女性も同意した和姦の場合もあった。『御成敗式目』で強姦・和姦の区別をしていないのは、男性と女性で言っていることに相違があり、例えば男性は和姦であると言っても女性の方は強姦であったと主張するなど、どちらであるのか断定できない事例があったためであろう。

平安・鎌倉時代では密懐の罪刑は徒（労役刑）・所領没収・流罪などであったが、戦国時代になると、夫の自力救済による姦夫・妻殺害へと変化し、生命に関わる処罰となる。

次の『塵芥集《じんかいしゅう》』[38]は、陸奥国の戦国大名伊達《だて》稙宗《たねむね》が天文五年（一五三六）に制定した分国法で、第一六二条には次のようにある。

一、人の妻《め》を密《ひそか》に嫁《とつ》ぐ事、男《おとこ》・女《をんな》共にもつて誡《いまし》め殺《ころ》すべきなり。

人妻と密懐した男性とその人妻を一緒に殺害せよ、とある。次の第一六三条は、密懐が自宅の家以外の場所で行なわれたことを示している。

一、密懐《びっくわひ》の事、押《を》して嫁《とつ》ぐも、互《たがい》に和《やはら》ぐも、媒宿《なかだちやど》なくして、これあるべからず。かくのごとくの輩《ともがら》、同罪《どうざい》たるべきなり。

密懐が強姦であれ和姦であれ、その場所を提供した者も密懐と同罪としている。

近江国東部の戦国大名六角義賢《ろっかくよしかた》・義治《よしはる》が永禄一〇年（一五六七）に家臣とともに制定した『六角氏

式目』(39)第四九条も密懐法である。

一、妻敵の事、件の女・密夫、一同に討つべき事。

妻敵《めがたき》とは、妻と密懐した姦夫のことで、夫は妻と姦夫を一緒に同時に討たなければならなかった。『塵芥集』『六角氏式目』の密懐法では、夫が妻と姦夫を一緒に同時に討つことが大事であった。これは、妻と姦夫の密懐現場を押さえて、その現場で殺害せよというものである。つまり、密懐の噂や疑いだけで妻とその相手の男を殺してはならないということを意味している。このことは、次の『吉《きっ》川《かわ》氏法度』(40)(元和三年〔一六一七〕に周防国岩国の吉川広家が発布)第五九条からもうかがい知れる。

一、人の女密懐の儀、何方にても寝所を去らず、これを討ち果すべし。大形浮世の取沙汰計にて証拠なき儀は、法度も如何、是又男の分別肝要、且はその時の沙汰に依るべき事。(原漢文)

夫は、密懐の現場である寝所で姦夫を討てとしており、噂だけで証拠がない場合は処罰できない、夫の分別が肝心であると書いている。近世初期の『板倉氏新式目』の密懐法にも、噂だけで証拠がない場合は公儀として取り扱えないとある。(41)

戦国時代の密懐法は、夫の自力救済による姦夫・妻殺害を認めたものであったが、また、噂や疑いだけで証拠がないまま夫が殺害することを防止するための法でもあった。

夫が姦夫だけでなく妻も殺害することを認めたことについては、主人の家成敗権によるとする考えや、妻も殺害することによって姦夫側の親族の怒りを静める「相殺《そうさい》」の論理によるとする考えがある。(42)

しかし、『塵芥集』第一六三条は夫の家成敗権が及ばない他の場所でも密懐が行なわれていたことを示している。また、前節で述べた夫婦別居の問題もある。「相殺」の論理については、文明一一年（一四七九）に京都で起きた妻敵討ちの事件[43]では適用されたが、しかし、戦国時代（一六世紀）における姦夫・妻を同時に一緒に討つとする方法は、「相殺」だけでは説明できない。

なぜ戦国時代には夫による姦夫・妻殺害が認められたのか。これについては、先のニコラオ・ランチロットの日本報告に書かれていた、名誉の問題が大きく関係している。すなわち、姦夫と妻を殺さなければ、夫は名誉を非常に傷つけられたというのである。

名誉は、武士の社会では非常に重んじられた。ザビエルの書簡[44]にも、「また貧しい武士はいかに多額の財産を与えられようとも武士でない他の階層の者と決して結婚しないことです。彼等は低い階層の者と結婚すれば、名誉を失うと考えているからです。このように、彼等は富よりも名誉を大切に思っています」とあり、武士が富よりも名誉を大切にしたことが書かれている。

近世の社会では、密通における妻敵討ちの理由として、「家」の不名誉をすすがなければ社会的に認められないという、武士の名誉が重視されたことが指摘されている[45]。その淵源は、この戦国時代の姦夫・妻殺害を認めた密懐法にあるのではないだろうか。それは、世の中が、平安時代の貴族的な社会から[46]、名誉を重んじる武家的な社会に移ったことを示すものでもあった。

また、密懐法は、それだけ密懐が盛んに行なわれて社会問題化していたことを表わしている。中世の説話や物語には、密懐に関するものがいくつかある。鎌倉時代の弘安六年（一二八三）成立の『沙石集』(47)巻九「嫉妬の心無き人の事」には、妻に間男がおり、夫がそれを許した話が載せられている。また、戦国時代に書かれた御伽草子の『音なし草子』(48)は、夫が長旅に出て留守のときに、その妻に思いを寄せていた男性が忍び入って通う物語である。妻の密懐は決してめずらしいことではなかった。

戦国時代は特に、夫が合戦に出陣して留守のことが多かった。次にあげる『長宗我部氏掟書』(49)第三三条の密懐法は、朝鮮に出兵した文禄・慶長の役と深く関係している。

一、他人の女ヲをかす事、たとい歴然たりといえども、男女共に同前。相果てざれば、死罪に行なうべし。付けたり、親類同心せしめ討つ事、非道の上、曲事たるべし。若《も》しその男ふがいなく、又は留守の時、外聞相洩れ猥《みだ》らな族《やから》においては、在所中として相果すべき事。付けたり、虚名の女契約停止の事。（原漢文）

人妻と密懐した者は、男女ともに同前（前条の「頸を斬るべき事」と同じ）、殺せなければ死罪、夫が不甲斐なくて殺せない場合や、夫が留守のときは、妻の行為が評判になるほど不品行であれば、在所の人々で討てとしている。また、夫の親族が加勢して討つことを禁止している。

この条文には、夫が留守のときのことがみえる。これに続く第三四〜三六条では、夫が留守のときに、芸能人・商人・親類・奉行人・僧など、親子兄弟以外の男性を家に入れることを禁止し、寺社参詣・見物も禁じている。これら第三三〜三六条は、夫の留守と妻の密懐が関係することを示唆して

いる。(50)

この『長宗我部氏掟書』は、長宗我部元親が豊臣秀吉の命令により三〇〇〇人の兵を引き連れて朝鮮半島に出兵し（文禄の役）、文禄二年（一五九三）に帰国した後、慶長二年（一五九七）に再度出兵する直前に発布した法令集である。(51)つまり、『長宗我部氏掟書』は、文禄の役による出兵で秩序の乱れた国内を誡《いまし》め、再出兵後の国内に備えるために制定された法典であった。

密懐法に関していえば、文禄の役で夫が出陣している間に妻たちが他の男性と密懐し、夫たちの帰国などにより密懐が発覚してさまざまな紛争が発生したため、再出兵後の密懐を防止するために第三三〜三六条が作られたと考えられる。そして、第三三条で夫の親族による加勢を禁止していることは、密懐による紛争が、当事者だけでなく、一族親類も巻き込んだ大問題に発展することがあったことを示しており、密懐は個人的な感情や名誉の問題にとどまらず、大きな紛争の火種にもなりうるものであった。

密懐法は、中世社会ではそれだけ密懐が頻繁に行なわれて社会的に問題となったことを示しており、妻たちの自由な性と、ゆるやかな婚姻関係の一端を見る気がするのである。

4　多かった離婚

現在の日本の民法第七六三条では、

夫婦は、その協議で、離婚をすることができる。

と定めており、離婚届を役所に提出して受理されれば離婚が成立する。ほかに調停離婚・審判離婚・判決離婚があるが、離婚の大部分は協議離婚によって占められている。

実は、届け出によって離婚ができる国は日本くらいなもので、[52]他の国々では裁判所の判決などの手続きを経ないと離婚が成立しないのである。米国およびヨーロッパでは、離婚は裁判所の判決によって成立する。[53]また、中華人民共和国の離婚法には協議離婚があるが、それでも、離婚の申請のあとに婚姻登記管理機関が厳格に審査をし、離婚登記要件に合致しなければ離婚登記は行なわれない。[54]日本では、明治三一年（一八九八）の明治民法で届け出による協議離婚を定めて現在に至っており、容易に離婚できる日本の離婚法は世界の中でもかなり特異な位置にある。

日本は離婚が多い国であった。明治時代の結婚・離婚についての統計によれば、明治民法施行以前では、結婚の約三割が離婚している。この割合は同時期の欧米に比べてはるかに多い。[55]

一六世紀に日本に来たイエズス会士たちは、日本では離婚が多かったことを書いている。ルイス・

フロイス『日欧文化比較』第二章には次のようにある。

ヨーロッパでは、妻を離別することは、罪悪である上に、最大の不名誉である。日本では意のままに幾人でも離別する。妻はそのことによって、名誉も失わないし、また結婚もできる。(31)

汚れた天性に従って、夫が妻を離別するのが普通である。日本では、しばしば妻が夫を離別する。(32)

フロイスは、一五六五年（永禄八年）二月二〇日付の書簡(56)（都発、中国・インドのイエズス会員宛）にも次のように書いている。

妻は通常一人の外有《も》たず、然れども仮令多数子女あるも甚だ軽微なる理由に依り之を去りて、他の妻を迎へ、婦人も亦夫を捨てゝ他に嫁す。但し婦人の方は多く実行せず。離縁は王より農夫に至るまで屢々《しばしば》行はれ、少しも怪しまれず。

右は村上直次郎氏による訳であるが、日本では子供が多くいても簡単に妻を変え、妻も夫を捨て（多くは実行しない）、王から百姓に至るまで離婚がしばしば行なわれたという。

またヴァリニャーノは、日本においてキリスト教の布教にあたり、この離婚の問題が大きな障害になっていることを指摘している。なぜならば、キリスト教カトリックでは離婚を認めていないからである。カトリックでは、中世から現代まで、婚姻の本質を単一性と不解消性にあるとし、認証婚は死亡以外には解消することができないとしている(57)。

ヴァリニャーノ「日本諸事要録」補遺四ではこの離婚についてとりあげている。最初の困難は、初めに異教徒として結婚した後、彼等の風習に従って離婚し、新たに別の人と再婚して、そしてキリスト教徒になる人々についてである。このような事例は日本では日常見られないものではなく、また珍しいことではないから、日本人の大多数がこの例に該当しないとは断言できないほどである。なぜなら夫が妻に離縁状を与えることは、日本人の間では普通であり、また妻の方も能うれば夫に離縁を迫るので、離婚条件としては相手に満足しないとか、他の女が好きになったとか、妻に対して怒ったというようなこと以外には必要条項がないからである。そしてキリスト教徒になった後、二人の間に子供があり、満足し、結婚生活もうまくいっているのに、二度目の妻と別れ、互いに嫌い合って他の男と結婚している最初の妻と再婚するように処置することは、単になしうべきことでないばかりか、日本人には馬鹿げており道理に背くことで、神がそのようなことを命じ給うのだと説得することはできぬように思われる。

ここには離婚の理由として、相手に満足しない、他の女性が好きになった、妻に対して怒った、ということが書かれている。さらにヴァリニャーノはこの後の文章で、日本人の離婚の理由について、国替えにより領地から追放されるたびに婚姻が解消され、妻も夫とともに他国に行くことを望まないことを挙げている。また、他の女性と結婚するために妻を棄てること、不義を犯した妻、悪妻、平和には絶対に暮らしていけないような条件の妻であっても離婚できないということは、日本人の男性にとって道理に反しており、さらには、夫に何の罪もないのに妻が夫を捨てて他の男と結婚することがたびたびあるということを書いている。

これらの記述を裏付けるこの頃の具体的な離婚・再婚の例として、公家の冷泉為満《れいぜいためみつ》とその妹御春《おはる》のケースがある。冷泉家は和歌の家として有名で、上冷泉家（御子左家嫡流）と下冷泉家に分かれており、為満たちは上冷泉家であった。為満の姉の夫である山科言経《ときつね》の日記『言経卿記』(58)には、為満たちの離婚・再婚について書かれている。なお、中世では離婚のことを離別という。

冷泉為満は少なくとも二回離婚し、三回再婚している。二回目に結婚した並河寄庵の娘とは天正一六年（一五八八）五月に夫婦喧嘩をして離婚した。彼女がすぐ家を出て親の寄庵のもとに帰ると、離別とみなされ、為満の親族たちは次の再婚相手について相談をしている。為満は翌月に住吉社社務津守国繁の娘と再婚したが、彼女は慶長元年（一五九六）に地震で建物の下敷きになって死亡した。そして為満は、同四年に加藤光泰の娘と結婚をしたが、同一二年に妻と会わなくなり離別している。

為満の妹御春は、二回離婚をしている。最初の夫楠正辰との間に二男一女をもうけたが離婚し、文禄三年（一五九四）に一柳直盛《ひとつやなぎなおもり》と再婚したが一ヶ月もたたないうちに離別している。

これらの離婚について『言経卿記』の記述から推察すると、離婚・再婚は非難すべきようなことでもめずらしいことでもなかったようである。

離婚の形については、ヴァリニャーノとフロイスの記述によると、夫が妻を離縁する形の離別が多い。その理由として、古代からのさまざまな史料をみると、夫が他の女性と結婚するために妻を棄てることが多かったと思われる。古くは、『万葉集』巻一八に、越中国の史生《ししよう》である尾張少咋《おわりのおくい》が遊び女《め》の左夫流《さぶる》に恋をし、妻を棄ててその女と同居していたので、同国の守《かみ》の大伴家持《おおとものやかもち》がそれを諫めるために作った歌がある。

前節で触れた無住著の『沙石集』巻九「嫉妬の心無き人の事」には、妻が離縁されて出て行くときに言った言葉に夫が心を動かされて引き留めた話が二つ載せられている。これらの話では、修復が不可能なほど夫婦関係が破綻して別れるわけではなさそうである。

なお、妻が離縁されて家を出るときには、好きなだけ家の物を持って行ってよいという慣習があった。『沙石集』巻九の「嫉妬の心無き人の事」には「人の妻のさらるる時は、家の中の物、心に任せて取る習ひなれば」とある。妻が追い出されて離縁されるとはいっても、決して妻にとってみじめな離婚ではなかった。

また、妻は、夫から不当な扱いを受けた場合には、夫から逃れ、さらには離婚の申し立てを行なった。次の『沙石集』巻九の「慳貪《けんどん》なる百姓の事」はそのような妻の話である。

　奥州に、百姓ありけり。慳貪にして、妻子にも情けなかりければ、妻、逃げ逃げするを、度々捕へてぞ置きける。

　ある時、妻、五、六歳なる子を抱きて、地頭のもとに行きて申しけるは、「夫にて候ふ者の、あまりに情けなく、慳貪に候ふ故に、耐へ忍びて相副ふべき心地も候はず。御下知《おんげち》を蒙《こうむ》りて候はば、然るべく候ひなん」と申す。地頭の云はく、「夫、妻を避る事なれ。妻として夫を避る事、いかなる子細ぞ」と尋ぬるに、「あまりに情けなく候ふ事、さのみは申し尽くし難く候ふ。一事を申さば、余りの事は御還迹《けいじゃく》あるべく候ふ。この程、山川にまかりて、大きなる鮎三十ばかり取りて返りて、少々煮て食ひ候ふ。残りは鮨にして、置き候ふ。この子、ただ一人候ふが、『父よ、魚食はん』と申して、取り付きて泣き候ふに、『やれ、未だ煮えぬぞ』とて、心み心み、ただ独り食ひて、この子に給び候はず。まして、わらはには思ひだに寄らず候ひき。『さりとも、鮨は給び候ひなん』と思ひしに、『未だならぬぞ、ならぬぞ』と申して、一つも給び候はず。此をもて、万づ御心得候へ」と申す。

夫を召して、引き合はするに、「妻が申し状に違はず」と申しければ、「不当の者なり」とて、境を追ひ越しぬ。妻は、「いみじく、今までも相連れたりけり」とて、女公事《くじ》ばかりして、男の公事は許されけり。

妻は地頭に訴えて離婚を願い出た。妻の話によれば、夫は日頃からけちん坊で、例えば鮎の鮨を子供や妻には食べさせずに自分一人で食べてしまったという。地頭が夫を呼び出して尋ねたところ、夫がこれを認めたので、夫を追放とし、妻は今までの我慢が考慮されて、女公事だけが課されて男公事は免除された。

地頭は、「夫が妻を離縁するものだ。妻が夫を離縁するのはどういう事情だ」と言っている。つまり、夫の方から妻を離縁するのが普通であり、妻から離縁することは少なかったのであった。しかし、それでも夫から不当な扱いをされれば、妻は夫から逃げるか、あるいは訴えたのである。そして、それを公平な目で裁く機関と良識も存在した。

ヴァリニャーノとフロイスの記述には、妻から離縁を迫ることがしばしばあったことが書かれている。妻から離縁を迫った話は、フロイスの『日本史』第一部第五〇章(59)にある。キリシタンである平戸の地頭ディオゴ（教名）が信仰に冷淡になってしまったため、その妻レアノールは夫が改めなければ夫のもとを去ると言って夫をしかりつけ、夫を信仰に復帰させている(60)。この場合は結局離婚しなかったのであるが、妻が夫を捨てて他の男性と再婚することについては、戦国大名の分国法にみえる。伊達稙宗の『塵芥集』第一六七条は、夫婦喧嘩の末に勇ましい妻が夫を追い出して再婚しようとしたケースに関するものである。

一、婦夫闘諍《めをつといさかひ》の事。その婦《め》猛《たけ》きにより、夫追《をつとを》い出《いだ》す。しかるにかの婦《め》、夫《おつと》に暇《いとま》を得《え》たるのよし申、改《あらた》め嫁《とつ》がん事をおもふ。その親《おや》・兄弟《きようだい》、もとの夫《おつと》の方《かた》へ届《とゞけ》にをよばずして、かの婦《め》、夫《おつと》を改《あらた》む。いま嫁《とつ》ぐところの夫《おつと》・女《をんな》ともに罪科《ざいくわ》に行《をこな》ふべき也。たゞし離別紛《りべつまぎ》れなきにいたつては、是《ぜ》非《ひ》にをよばざるなり。しかるに前《まへ》の夫《をつと》、なかばは後悔《こうくはひ》、なかばはいま最愛《さいあひ》の夫《をつと》に遺恨《いこん》あるにより、離別《りべつ》せざるよし問答《もんだう》にをよぶ。暇《いとま》を得《え》たる支証《しせう》まぎれなくば、まへの夫罪科《おつとざいくわ》にのがれがたし。

この条文については、従来では夫が妻を追い出すとする解釈が主流であった。[61] しかし、猪熊本『塵芥集』[62]では「そのめたけきにより、おつとをおひいたす」とあり、「夫を追い出す」になっている。また、内容から考えても、夫が妻を追い出したのであれば、それは妻を離縁したことになるので、妻が再婚する際にはわざわざ前夫に届け出る必要はなくなり、「しかるにかの婦」以下の内容と矛盾する。また、「その婦猛きにより」は、夫を追い出すほど勇ましい女という意味が込められていると考えられる。[63]

この条文は、夫を追い出した妻が、勝手に夫から暇をもらったと称して他の男性と再婚しようとしていることを問題としており、親・兄弟・前夫に届けないで再婚することに対し、女とその再婚相手を処罰するとしている。しかし、離婚が明らかであれば問題はないという。

前夫との離婚がはっきりしないまま再婚しようとした女性がいたことは、次の天文二四年（一五五五）の『相良氏法度《さがらしはつと》』[64]（相良晴広制定）第三八条からもうかがえる。

一、男のいとま然々きれす候女子、そこつに中たち無用たるへき事。

これは夫との離婚が明確でない女性に再婚の世話をすることを禁じたものであり、当時このような女性が少なからずいて、前夫とのトラブルなどいろいろと問題が起きたことを示している。

離婚の証明である離縁状については、近世の三行半《みくだりはん》は有名であるが、中世の離縁状の古文書自体は確認されていない。戦国時代では、先の『塵芥集』第一六七条には「暇を得たる支証」とあり、定まった離縁状の形式はまだなかったと考えられる。狂言の『箕被《みかずき》』では、去ろうとする妻に夫が与えた暇の印は箕であった(65)。

近世の離縁状（三行半）について、最近では、再婚許可証の役割があったことが指摘されている。三行半は夫が差出人の形で書くものであるが、実際には夫の専権離婚ではなくて妻側からの請求や双方の協議による離婚が多かったという(66)。近世に離縁状が作成されるようになった理由は、戦国時代において、夫との離婚が不明確なまま妻が再婚し、前夫との間にしばしばトラブルが発生したためではないだろうか(67)。先のイエズス会士たちの記述には、妻が夫を捨てて他の男性と再婚することがあると書かれていたが、これらの妻のなかには、夫から離婚の証拠をもらわないまま再婚する者もいたのであった。

日本では離婚が多かったことの理由の一つに、結婚式のあり方がキリスト教とは異なっていたことがある。キリスト教の結婚式では、教会で永遠の愛を誓約する。しかし、日本の近代以前の結婚式では誓約という行為がないため、離婚は罪悪にはならなかったのである。日本の結婚式で神前誓約が行なわれるようになったのは、明治時代に神社がキリスト教の結婚式をまねて取り入れてからであった(68)。

5　普通だった男色

日本に来たイエズス会士たちがもっとも非難した日本の風習は、男色であった。
フランシスコ・ザビエルは書簡のなかで、男色について次のように書いている（一五五二年一月二九日付、コーチン発、ヨーロッパのイエズス会員宛(69)）。

彼等が語る時には私は真実を見出せませんし、彼等はあからさまに姦淫を行なって少しも恥と思わず、すべての坊主が過ちになるような少年を抱えています。そして彼等はそのことを認めたうえで、それは罪ではない、と言っています。人びとは、坊主達に見ならって、彼らが行なっているのだから世俗の人間である自分達もそうするのだ、と言っています。

日本では男色が公然と行なわれていたことは、ヴァリニャーノの「日本諸事要録」第二章にも書かれている。

最悪の罪悪は、この色欲の中でもっとも堕落したものであって、これを口にするに堪えない。彼等はそれを重大なこととは考えていないから、若衆達も、関係のある相手もこれを誇りとし、公然と口にし、隠蔽しようとはしない。それは、仏僧が説く教義はこれを罪悪としないばかりでなく、きわめて自然で有徳の行為として、僧侶自らがこの風習を有するからである。

日本では男色は、悪い風習どころか誇りにさえ思われていたという。

僧侶が男色の対象としたのは、寺院にいた少年たち—稚児《ちご》であった(70)。日本の中世の文学では、稚児物語という僧と稚児の恋愛物語のジャンルさえあり、室町時代の御伽草子には『秋夜長物語《あきのよなが》』『あしびき』『花光草子』などの稚児物語の作品がある(71)。

『秋夜長物語』は、室町中期頃の絵巻物三巻（個人所蔵）や多くの写本が残され、室町時代にかなり流布した物語であった。物語のあらすじは、比叡山延暦寺の僧桂海が、三井寺の稚児梅若（花園左大臣の子）と相思相愛になるが、山門（比叡山）と寺門（三井寺）の合戦に発展し、梅若は勢田川に入水して自殺する。桂海は比叡山を出て修行し、東山の瞻西《せんさい》上人として尊崇されたという。まるで『ロミオとジュリエット』の稚児物語版のようなストーリーで、僧侶と稚児の恋愛が男女の恋愛と同じように描かれているが、梅若が石山の如意輪観音の化身であったというところには仏教色が表れている。

男色が、僧侶だけでなく、武士の間でも行なわれていたことは、次の武田信玄（晴信）の古文書からもわかる。信玄には源助という近習《きんじゅう》がいた。その源助に浮気はしていないと誓った誓詞が次の文書である（東京大学史料編纂所所蔵(72)。なお宛所の「春日」は後筆と考えられている）。

誓詞之意趣者、

一、弥七郎ニ頻ニ度々申候へ共、虫気之由申候間、無二了簡一候、全我偽ニなく候事、

一、弥七郎ときニねさせ申候事無レ之候、此前ニも無二其儀一候、況昼夜共弥七郎と彼義なく候、

就レ中今夜不レ寄レ存候之事、
一、別而ちいん申度まゝ、色々走廻候へハ、還而御うたかい、迷惑ニ候、
此条々いつわり候者、当国一二三大明神、富士、白山、殊ハ八幡大菩薩、諏方上下大明神可レ
蒙レ罰者也、仍如レ件、
内々法〔宝〕印ニ而可レ申候へ共、
申待人多候間、
白紙ニ而、明日重而
なり共可レ申候、
七月五日（天文一五年）　　晴信（武田）（花押）
春日源助との

信玄は、弥七郎と共に寝たことはない、昼も夜もない、特に今夜は思いも寄らぬことである、と色々な神に誓って弁明している。源助から弥七郎との浮気を疑われた信玄は、一生懸命弁解して源助をなだめているのである。

男色の相手の若者をからかう言葉もあった。天正一三年（一五八五）、北条氏直の近習で一二歳になる田村千松丸が、ほかの若侍に「すばりかわき」[73]と言われて恥に思い、小刀で腹を切って自害した。からかった若侍も「冗談で言ったのに」と悲しんで腹を切り、一緒にいた二人の若侍も生き残っては申し訳ないと腹を切り、結局四人の若衆が死んでしまったという（『北条五代記』[74]「童男の作法昔に替事」）。

戦国時代の日本では、少年たちも男性の恋愛の対象とされ、男色が罪の意識もなく社会一般で普通に行なわれていたのであった。なお男色は、江戸時代前期まで盛んであったが、一八世紀に衰退していった。(75)

注

(1) ヴァリニャーノ（松田毅一他訳）『日本巡察記』（東洋文庫、平凡社、一九七三年）
(2) ルイス・フロイス著、岡田章雄訳注『ヨーロッパ文化と日本文化』（岩波文庫、岩波書店、一九九一年）。
(3) 『新約聖書』（新約聖書翻訳委員会訳、岩波書店、二〇〇四年）。
(4) 鎌田正・米山寅太郎『漢文名言辞典』（大修館書店、一九九五年）。
(5) 竹内照夫『新釈漢文大系　礼記（中）』（明治書院、一九七七年）。
(6) 『新編日本古典文学全集　義経記』（小学館、二〇〇〇年）。
(7) 三従の日本における定着については、籠谷真智子「中世の教訓とその展開」（『講座　日本教育史』第一巻原始・古代／中世、第一法規出版、一九八四年）で、『万葉集』『源氏物語』『小夜の寝覚』や仏教書などから論述。
(8) 『日本思想大系　中世政治社会思想　上』（岩波書店、一九七二年）。
(9) 大隅和雄・西口順子編『シリーズ女性と仏教　二救いと教え』（平凡社、一九八九年）、勝浦令子『女の信心—妻が出家した時代—』（平凡社、一九九五年）、野村育世『仏教と女の精神史』（吉川弘文館、二〇〇四年）など参照。
(10) 東京大学史料編纂所編『日本関係海外史料　イエズス会日本書翰集　訳文編之一（下）』（東京大学史料編纂所、一九九四年）四七号。

(11)『日本古典文学大系　愚管抄』（岩波書店、一九六七年）。
(12)『群書類従』第二七輯、雑部（続群書類従完成会）。
(13)永島福太郎『一条兼良』（人物叢書、吉川弘文館、一九五九年、新装版、一九八八年）一二五・一四五頁。
(14)『群書類従』第二二輯、武家部。
(15)東京大学史料編纂所編『日本関係海外史料　イエズス会日本書翰集　訳文編之一（上）』（東京大学史料編纂所、一九九一年）二九。
(16)『日本関係海外史料　イエズス会日本書翰集　訳文編之一（下）』四三―A、一五五一年一〇月二〇日ジョアン・フェルナンデス書簡（山口発、ザビエル宛）。
(17)注(8)三三四頁。
(18)「十善戒」は、不殺生・不偸盗・不邪淫・不妄語・不綺語・不悪口・不両舌・不貪欲・不瞋恚・不邪見の十種。
(19)『新訂新古今和歌集』（佐佐木信綱校訂、岩波文庫、岩波書店、一九二九年）。
(20)『お伽草子』（島津久基編校、岩波文庫、一九三六年）。なお『磯崎』については、拙稿「御伽草子『磯崎』の諸伝本と挿絵―猿楽の鬼の扮装―」（東京女子大学『史論』五四、二〇〇一年）がある。
(21)『続群書類従』第三二輯上、雑部（続群書類従完成会）。引用した文では、片仮名を平仮名に改め、漢文の部分は書き下し文にしている。
(22)注(3)。
(23)三成美保「近世チューリヒ市の夫婦財産制」（前川和也編『家族・世帯・家門―工業化以前の世界から』ミネルヴァ書房、一九九三年）では、財産共通制と財産併合制の二類型のヴァリエーションがあるとしている。
(24)福地陽子「フランス法における夫婦財産制の変遷」（『神戸法学雑誌』九―一・二、一九五九年）、有地亨『家族制度研究序説』（法律文化社、一九六六年）。

(25) 拙稿「山科家年貢等収納并散用帳と「家」の経済」(『古文書研究』五七、二〇〇三年、拙著『中世の武家と公家の「家」』所収、吉川弘文館、二〇〇七年)。
(26) 『鹿児島県史料　旧記雑録後編二』(鹿児島県維新史料編さん所編、鹿児島県、一九八二年)巻三四、一五四八号。長野ひろ子『日本近世ジェンダー論―「家」経営体・身分・国家―』(吉川弘文館、二〇〇三年)第二部第一章「幕藩制成立期の「家」と女性知行」参照。
(27) 内田九州男「北政所・高台院の所領について」(山陽新聞社編『ねねと木下家文書』山陽新聞社、一九八二年)参照。
(28) 『ねねと木下家文書』「足守木下家文書」三二。
(29) 『ねねと木下家文書』「足守木下家文書」三三。
(30) 佐藤進一・池内義資・百瀬今朝雄編『中世法制史料集　第三巻武家家法I』(岩波書店、一九六五年)。夫婦別財に関しては、拙稿「戦国大名の密懐法と夫婦―家父長権力再考―」(『歴史評論』六七九、二〇〇六年)で考察した。
(31) 「喜連川判鑑」(『続群書類従』第五輯上、系図部)。佐藤博信「古河氏姫に関する考察」(同『古河公方足利氏の研究』校倉書房、一九八九年)参照。
(32) 密懐の告白の例として、コリャード『懺悔録』(大塚光信校注、岩波文庫、一九八六年)に、妻のいる男性が人妻を妾にした告白が載せられている。
(33) 『日本関係海外史料　イエズス会日本書翰集　訳文編之一(上)』六。拙稿「戦国大名の密懐法と夫婦―家父長権力再考―」〔注(30)〕で密懐法の史料として指摘して考察した。
(34) 岸野久『ザビエルと日本―キリシタン開教期の研究―』(吉川弘文館、一九九八年)、同『ザビエルの同伴者アンジロー』(歴史文化ライブラリー、吉川弘文館、二〇〇一年)参照。

(35) 明治一三年（一八八〇）公布。第三五三条では、夫からの告訴があれば妻の姦通を処罰対象とし、姦夫も同罪としている（我妻栄等編『旧法令集』有斐閣、一九六八年、四四二頁）。
(36) 『群書類従』第六輯、律令部。
(37) 注(8)。
(38) 注(8)。
(39) 注(8)。
(40) 『中世法制史料集　第三巻武家家法Ⅰ』（注(30)）。
(41) 法制史学会編『徳川禁令考　前集第六』三四五三（創文社、一九六八年）。
(42) 勝俣鎮夫「中世武家密懐法の展開」（同『戦国法成立史論』東京大学出版会、一九七九年）。
(43) 文明一一年の妻敵討ちの事件では、殺された姦夫甘草は赤松氏の被官人で、本夫小原の子が板倉氏の被官人、板倉氏の親類が山名氏の被官人という関係から、赤松対山名という大騒動に発展し、本夫側が妻を殺害することを「相当の儀」として落着している。勝俣鎮夫注(42)論文参照。
(44) 『日本関係海外史料　イエズス会日本書翰集　訳文編之一（上）』二九。
(45) 氏家幹人『不義密通』（講談社選書メチエ、講談社、一九九六年）、谷口眞子『近世社会と法規範―名誉・身分・実力行使―』Ⅱ第二章「密通仕置と妻敵討」（吉川弘文館、二〇〇五年）。
(46) 保立道久「平安京の密通・婚姻・売春事情」（同『中世の女の一生』洋泉社、一九九九年）によれば、平安貴族社会では密通は日常茶飯事であった。また、辻垣晃一「鎌倉時代における密懐」（上横手雅敬編『中世公武権力の構造と展開』吉川弘文館、二〇〇一年）では、公家と武家で復讐観念が違うことを指摘している。
(47) 『新編日本古典文学全集　沙石集』（小学館、二〇〇一年）。
(48) 横山重・松本隆信編『室町時代物語大成』三（角川書店、一九七五年）。絵巻物模本（赤木文庫・東京国立博

物館所蔵）の書写奥書に永禄一三年（一五七〇）四月中旬頃の日付がある。
(49)『中世法制史料集　第三巻武家家法Ⅰ』。
(50) 小和田哲男「戦国の家訓と男女の実情」（『歴史評論』五一七、一九九三年）で、第三三条と第三四〜三六条が関係することに触れている。
(51) 拙稿注(30)で考察。
(52) 中川善之助「協議離婚比較法」（同『家族法研究の諸問題』勁草書房、一九六九年）、大村敦志『家族法〔第二版〕』（有斐閣、二〇〇二年）一四〇〜一四二頁。
(53) 欧米の離婚法については、利谷信義・江守五夫・稲本洋之助編著『離婚の法社会学─欧米と日本─』（東京大学出版会、一九八八年）、有地亨・老川寛編『離婚の比較社会史』（三省堂、一九九二年）など参照。なお、欧米の離婚法は、キリスト教の婚姻不解消主義に制約されてきたが、一九六〇年代後半〜七〇年代に不貞などの有責以外に婚姻関係の破綻も離婚の理由として認める離婚法が制定された。浦本寛雄『破綻主義離婚法の研究』（有斐閣、一九九三年）、同『家族法〔第二版〕』（法律文化社、二〇〇三年）参照。
(54) 西村幸次郎編『現代中国法講義』（法律文化社、二〇〇一年）一四六頁。
(55) 坪内良博・坪内玲子『離婚─比較社会学的研究─』（東南アジア研究双書、創文社、一九七〇年）、村上一博『明治離婚裁判史論』（法律文化社、一九九四年）。
(56)『異国叢書　耶蘇会士日本通信　上巻』（村上直次郎訳、渡辺世祐註、復刻版、雄松堂書店、一九六六年）一七。
(57)『カトリック新教会法典』（有斐閣、一九九二年）第一〇五六・一一四一条。福地陽子「カトリック教婚姻非解消主義の生成と発展」（『法と政治』七─四、一九五六年）、久保正幡・阿南成一「教会婚姻法」（宮崎孝治郎編『新比較婚姻法Ⅲ』勁草書房、一九六二年）参照。
(58) 東京大学史料編纂所編『大日本古記録　言経卿記』（岩波書店、一九五九〜一九九一年）。

(59) ルイス・フロイス（松田毅一・川崎桃太訳）『完訳フロイス日本史9』（中公文庫、中央公論社、二〇〇〇年）。
(60) 西村汎子「中世における領主階級の女性の地位と役割（一）―フロイス『日本史』にみる―」（『白梅学園短期大学紀要』三八、二〇〇二年）参照。
(61) 『日本思想大系　中世政治社会思想　上』二三八頁の頭注など。
(62) 小林宏『伊達家塵芥集の研究』（創文社、一九七〇年）に翻刻。
(63) 拙稿注(30)で考察した。
(64) 『中世法制史料集　第三巻武家家法Ⅰ』。
(65) 「箕被」は『新日本古典文学大系　狂言記』（岩波書店、一九九六年）の「続狂言記」巻五では「箕潜」。狂言にみえる離婚については高梨公之『日本婚姻法史論』（有斐閣、一九七六年）に詳しい。
(66) 高木侃『増補　三くだり半』（平凡社ライブラリー、平凡社、一九九九年）、山中至「江戸時代・明治前期の離婚法」（『離婚の比較社会史』〔注(53)〕所収）。
(67) なお、田端泰子「日本中世社会の離婚」（『離婚の比較社会史』〔注(53)〕）、田端『日本中世女性史論』塙書房、一九九四年）では、戦国期に離縁状が必要になった理由を、家父長の離婚に公的性格を付与するためとしている。
(68) 江馬務『結婚の歴史』（雄山閣出版、一九七一年、『江馬務著作集　第七巻』所収、中央公論社、一九七六年）第九章「幕末・明治時代の結婚」。
(69) 注(10)。
(70) 中世の稚児と男色については、細川涼一『逸脱の日本中世』（新装版、洋泉社、一九九六年）、田中貴子『性愛の日本中世』（洋泉社、一九九七年）などがある。
(71) 市古貞次『中世小説の研究』（東京大学出版会、復刊、一九七八年）。
(72) 東京国立博物館・東京大学史料編纂所編『時を越えて語るもの　史料と美術の名宝』（東京大学史料編纂所、

二〇〇一年）七八号。

(73) 窄乾。中村幸彦・岡見正雄・阪倉篤義編『角川古語大辞典』三（角川書店、一九八七年）四八七頁では、男色を好まぬ若衆に対する悪口としている。

(74)『第二期戦国史料叢書1　北条史料集』（萩原龍夫校注、人物往来社、一九六六年）。

(75) 氏家幹人『武士道とエロス』（講談社現代新書、講談社、一九九五年）。

第三章　くらしのなかの習慣

1　日本に合った衣服

日本の冬は寒く、夏は蒸し暑い。地球上にはさまざまな気候と地域があり、それらによって人々の着る衣服もまた違ってくる。

ルイス・フロイス『日欧文化比較[1]』第一章のなかの「男子の服について」1では、ヨーロッパと日本の衣服について、次のように書いている。

　われわれの衣服はほとんど一年の四季を通じて同じである。日本人は一年に三回変える。夏帷子《かたびら》、秋袷《あわせ》、冬着物。

日本には衣更えの風習が現在もあるが、ヨーロッパでは衣更えというものはない。日本では季節の変化が激しいので、季節によって衣服が変わるのである。

フロイスが日本に来た戦国時代では、衣服の中心は小袖《こそで》であった[2]。元来、小袖は、大袖に対して袖口の小さい筒袖的なものをいい、貴族が表着である大袖の下に着る下着であった。庶民階級では古代

図3　肩衣袴姿の男性（『高雄観楓図屏風』）

図4　打掛姿の女性（伝淀殿画像）

から小袖を表着として着用していた。中世において小袖は、上流階級でも次第に表着化していき、戦国時代には、男性では肩衣袴《かたぎぬばかま》（図3）、女性では打掛《うちかけ》姿となった（図4）。

　右のフロイスの記述には、日本では三回、夏に帷子、秋に袷、冬に着物に変える、とある。帷子は、裏地のない単《ひとえ》の衣のことである。現在私達が夏に着る浴衣は、湯帷子の略称である。袷は、表地と裏地のある二重仕立ての衣服である。着物は、ここでは表地と裏地の間に綿を入れた小袖である綿入のことをいっている。

　武家・庶民の衣更えについては、大永八年（一五二八）成立の伊勢貞頼著『宗五大草紙』[3]に、旧暦の四月一日〜五月五日は袷、五月五日からは帷子（女性は、五月五日からは練《ねり》貫《ぬき》（裏は生絹）、六月一日〜七月末は帷子、八月一日からは練貫）、九月一日からは袷、九月九日からは小袖（綿入）を着るとある。なお、公家の衣更えは、四月一日と一〇月一日であった（『建武年中行事』など）。

日本ではこのように季節の変わり目に衣服を替え、それが衣更えという年中行事にもなっていた。なお衣更えについては、第二部第一章で詳述する。

また、フロイスは、日本の衣服の特徴について次のように指摘している。

> 男の衣服は、われわれの間では女には用いることができない。日本の着物と帷子は男にも女にもひとしく用いられる。（8）

日本では着物と帷子は男女で兼用できるとある。『日欧文化比較』の岡田章雄氏の注では、少し誇張されている、とあるが、そんなことはなく、着物も帷子も男女で同じ形をしていた。

> われわれの衣服は身体にぴったり合い窮屈である。日本の衣服はきわめて緩やかなので、容易にそして恥ずることなく、すぐに帯から上、裸になる。（9）

フロイスは、日本の衣服が緩やかに作られていたことを指摘している。

中世から近世初期（一七世紀）にかけては、男女の小袖や帷子は、現代の着物とは異なり、はるかにゆったりと仕立てられていた。

図5は永禄九年（一五六六）正月吉日の銘がある辻ヶ花染小袖（東京国立博物館所蔵）である。この身頃の身幅は三八センチ、袖幅は二一・五センチで、身幅は袖幅の約一・七倍ある。これが、図6の元禄年間（一六八八〜一七〇四年）頃に信濃国に在世した朝倉半蔵のものと伝えられる小桜小紋小袖（東京国立博物館所蔵）になると、身幅は二七センチ、袖幅は三二センチで、身幅は狭くなって袖幅が広くなり、身幅は袖幅の

約〇・八倍になっている。この伝朝倉半蔵小桜小紋小袖の寸法は現代の男性の着物の寸法とほぼ同じで、小袖は一七〇〇年頃に急激に身幅が狭く袖幅が広くなり、現在の着物に至っていることになる。[4]

身頃の幅が狭くなり、小袖が体に沿った細い形になると、すわり方も変化した。身頃の幅が広かった時代には、図7・8のように女性も立て膝や胡座《あぐら》の姿勢ですわっていたが、江戸時代中期に小袖が細くなると、人々は正座の姿勢ですわるように変わった。[5]日本で男女ともに正座が日常的なすわり方になったのは、一八世紀頃からであった。

フロイスは、日本とヨーロッパの袖の違いについても指摘している。ヨーロッパの衣服の袖が腕に

図５　辻ヶ花染小袖（永禄９年）

図６　小桜小紋小袖

合わせて細く手首まであるのに比べ、日本の衣服の袖が緩やかに作られていたのは、日本の気候にその原因がある。すなわち、日本は海に囲まれて雨が多いために湿気が多い。特に夏は蒸し暑く汗をかきやすいので、衣服の袖は風通し

図7　ゆったりした小袖を着た女性たち（『高雄観楓図屏風』）

図8　尼の家の人々（『星光寺縁起絵巻』）

をよくするためにゆったりと作られていた。(6) 日本の高温多湿の気候に合わせた衣服の作りになっていたのである。

現在の日本では、男性は背広姿が公的な服装であるが、実は蒸し暑い日本の夏には適さない衣服なのである。

2　毎日の食事

(1)　食事の仕方

イエズス会の巡察師ヴァリニャーノにとって、日本の食事は異文化の最たるものであった。ヴァリニャーノは「日本諸事要録」(7) 第二章で次のように書いている。

衣食に関することは、本書の読者に理解していただけないほど極端に変わっている。衣類は非常に美しく清潔で、我等のものとは、いささかも類似していない。いわんやその食事の方法や料理、汁に至っては理解することは不可能である。ことごとく清潔を保ち、その方法は重々しく、我等の食事とはまったく類似点がない。すなわち、各人はそれぞれ一人ずつの食卓で食事をし、テーブル掛、ナフキン、ナイフ、フォーク、スプーン等は何もなく、ただ彼等が箸《ハシ》と称する二本の小さい棒があるのみで、食物にはまったく手を触れることなく、きわめて清潔、巧妙に箸を扱い、パン屑一片といえども皿から食卓に落とさない。きわめて慎ましやかに礼儀正しく食事し、食事に関する作法についても、他の諸事に劣らぬ規則がある。彼等が大いに愛好し、我等には有害な米から作った酒のほかに、食事の終りには冬でも夏でも常に熱い湯を飲む。これは、はなはだ熱く、少量ずつでなければ飲むことができない。彼等の食物と調理法については、材料の点でも、味の点でも、まったくヨーロッパのものと類似するところがない。結局、彼等の食物に慣れるまでは多くの努力と苦痛を経なければならぬ。

ヴァリニャーノは、日本の食事に慣れるまでにかなりの時間を必要とした。

日本では箸を使うことは古代から現代まで変わらないが、ここで興味深いことの一つに、ヴァリニャーノがフォークを使って食事をしていたことがある。というのは、ルイス・フロイス『日欧文化比較』第六章「日本人の食事と飲酒の仕方」1には、

われわれはすべてのものを手をつかって食べる。日本人は男も女も、子供の時から二本の棒を用いて食べる。

とあり、フロイスは手で食べているのである。

ヴァリニャーノとフロイスで食事の方法が違うのはなぜか。実は、ヨーロッパでフォークが使われ始めたのは、イタリア、スペインでは一六世紀から、フランス、ドイツ、イギリス、北欧などでは一七世紀からであった(8)。一五三七年に描かれた「食事中のハンス・ルドルフ・デッシュとその家族(9)」の

画中のテーブルの上には、ナイフはあるがフォークはみえない。

ポルトガル人のフロイスは、一五四八年にポルトガルを出立してインドに行き、一五六三年に日本に来た。(10) 一五四八年のポルトガルではまだフォークを使わず手で食べていたことになる。一方、イタリア人のヴァリニャーノは一五七三年までイタリアにおり、一五七四年にインドに向けてポルトガルを出立した。(11) ヴァリニャーノがまだローマ等にいた一五七三年のイタリアでは、すでにフォークを使用していたと考えられる。この一五四八年のポルトガルと一五七三年のイタリアの差が、フォークの使用に表れ出たのであった。

日本の食卓については、フロイス『日欧文化比較』に次のようにある。

われわれの食卓は食物をならべる前から置いてある。彼らの食卓は食物を載せて台所から運ばれてくる。(第六章3)

われわれの食卓は高く、食卓布とナプキンがある。日本人の食卓は方形で底の浅い、漆を塗った大型盆で、ナプキンも食卓布もない。(第六章4)

われわれの間では従僕が食卓を片付ける。日本では食事をした貴人が、自分で自分の食卓を片付けることが多い。(第六章20)

ヨーロッパでは男性が高い食卓で、女性が低い食卓で食事をする。日本では女性が高い食卓で、男性が低い食卓で食事をする。(第二章53)

日本では、ヨーロッパのテーブルと異なり、一人一人に自分の食卓である大型盆があり、自分でそれを片付けることが多いという。

最後の、女性が高い食卓で、男性が低い食卓で食事をするという記述は、まさにそれを描いたものが『真如堂縁起絵巻』（大永四年〔一五二四〕成立、真正極楽寺所蔵）第一一段にある。[12]この第一一段は、安居院《あぐい》の禅尼専念が、灯油料として所領を寄進して室内繁昌したという話であるが、禅尼のそばには高さが三〇㌢《チセン》ほどある食卓（衝重《ついがさね》）があり、一緒に食事をしている息子らしき男性の前には、高さの低い折敷《おしき》が置かれている。なぜ女性の食卓の高さが高いのかは、いろいろと理由が考えられるが、おそらく腕の長さが男性より短いとか、髪が長くて邪魔になるとか、そういう物理的な理由によると思われる。

(2) 食　材

日本の食材については、一五六五年（永禄八）九月一五日付、パードレのガスパル・ビレラの書簡[13]（堺発、ポルトガルのアビスの僧院のパードレ等宛）に書かれている（村上直次郎氏訳）。

戦争絶ゆることなきを以て地は物を産せざれども、本来甚だ豊沃にして僅に耕作することに依り多量の米を得、即ち当国の主要なる食糧なり。又麦、粟、大麦、蚕豆、其他豆類数種、野菜は蕪、大根、茄子、萵苣《ちしゃ》のみ、又、果物は梨、柘榴《ざくろ》、栗等あれども甚だ少し。肉は甚だ少く、全国民は肉よりも魚類を好み、其量多く、又甚だ美味にして佳良なり。

日本の主食は米で、麦、粟、大麦、そら豆などの豆類が数種、野菜は、かぶ、大根、茄子、萵苣(キク科の青菜。レタス)、果物は梨、ざくろ、栗などがあるが少なく、魚は種類が多く美味、とある。

フロイス『日欧文化比較』第六章からは、日本の食文化の特徴がわかる。

われわれは普通に小麦製のパンを食べる。日本人は塩を入れずに煮た米を食べる。(2)

われわれはスープが無くとも結構食事をすることができる。日本人は汁が無いと食事ができない。(7)

ヨーロッパ人は焼いた魚、煮た魚を好む。日本人は生で食べることを一層よろこぶ。(12)

ヨーロッパで甘い味を人々が好むと同程度に、日本人は塩辛い味をよろこぶ。(19)

われわれは食物に種々の薬味を加えて調味する。日本人は味噌で調味する。味噌は米と腐敗した穀物とを塩で混ぜ合わせたものである。(40)

12には日本人は魚を生で食べることを喜ぶとある。魚を生で食べる方法には、室町時代では膾《なます》、刺身、和《あ》え物があった。(14)

膾は、①魚介・獣などの生肉を細かく切ったもの、②魚・貝・肉・野菜などをきざんで二杯酢・酢味噌・煎り酒などで調理したもの、である。(15) 鎌倉時代後期成立の『厨事類記』(16)には、「生物膾」として鯉・鯛・鮭・鱒《ます》・鱸《すずき》・雉《きじ》・鮒《ふな》を挙げており、その調理法は、鮭・鯛の場合、「皮ヲスキテ、ツクリカサネテモルベシ」とあるなど、鎌倉時代では刺身の類も膾に含まれていた。室町時代には膾は刺身と区別された。

刺身は、室町時代から文献にみえ、差味とも書いた。魚だけでなく鳥も刺身で食べた。長享三年(一四八九)以前成立の『四条流庖丁書』(17)には、差味の盛り方、鳥の差味のことがみえ、鯉の差味は山葵《わさび》酢、鯛は生姜《しょうが》酢、鱸は蓼《たで》酢、鱶《ふか》・鱏《えい》は実辛子《みからし》酢、王余魚《かれい》はぬた酢、鳥は蓼酢で食べるとある。『大草家料理書』(18)の方では、鯉の差味は煎《い》り酒を上々とし、辛子酢を中、鯛は辛子酢を上としており、料理の流派などによって刺身の食べ方が異なっていた。

刺身は、江戸時代においても、醬油ではなく煎り酒、酢、味噌で食べるのが普通であった。醬油は、戦国時代から文献にみえるが、現在のように刺身に欠かせなくなったのは江戸時代後期以降のことである。(19)戦国時代では、醬油はまだそれほど使われてはおらず、調味料は主に酢・酒・塩・味噌であった。(20)

(3)　料　理　人

ヨーロッパでは普通女性が食事を作る。日本では男性がそれを作る。そして貴人たちは料理を作るために厨房に行くことを立派なことだと思っている。

（ルイス・フロイス『日欧文化比較』第二章51）

中世の絵巻物では、台所で包丁を握っているのはみな男性である。図8の『星光寺縁起絵巻』（一五世紀）では、尼の家で料理をしているのは男性ばかりである。御伽草子の絵巻物『鼠草子』でも、鼠の権頭《ごんのかみ》の婚礼のために厨房で料理をしているのは、包丁で魚や鳥を切る男鼠、魚を焼く男鼠、味見をする男鼠など、男の鼠が多い。中世では厨房の主役は男性であった。

3　銭貨の流通

(1)　輸入銭と撰銭

ルイス・フロイス『日欧文化比較』第一四章「前記の章でよくまとめられなかった異風で、特殊な事どもについて」の16〜18は、お金に関する内容である。

われわれの間では金や銀の貨幣を使う。日本ではその切片が常に重量で通用する。(16)

われわれの間では銅の貨幣は完全なものである。日本では中央に穴があいている。(18 a)

日本では、金と銀は秤《はかり》で重さをはかって用いた。17には、ヨーロッパでは天秤を使い、日本では釐《れい》等具《てんぐ》（棹秤《さおばかり》）を使うとある。

古代・中世に日本で使われた硬貨は、銅貨であった。銅貨の中央には四角い穴があいており、この穴に紐を通して銅貨を束ねた。

日本でもっとも古く発行された硬貨は、和銅元年（七〇八）に発行された和同開珎《わどうかいちん》で、中国の開元通宝（六二一年）をまねて造られた。奈良県飛鳥池遺跡から出土した富本銭《ふほんせん》については、七世紀末のものであることは確かであるが、まだ謎が多い。和同開珎から天徳二年（九五八）発行の乾元大宝《けんげんたいほう》に至るまで、合わせて一二種類の銅貨が発行され、「皇朝十二銭」と呼ばれている。その後、中央政府による貨幣発行は江戸時代まで途絶え、その間に日本で流通した貨幣は、中国からの輸入銭や私鋳《しちゅう》銭《せん》であった。(21)

日本の中世では、一定の大きさの円形で、中央に穴がある硬貨であれば、一文の銭として通用した。しかし、一五世紀には銭を選び取る撰銭《えりぜに》が盛んに行なわれた。

ヨーロッパでは銅の貨幣は滞りなく受取られる。日本では必ず選びとられる。古いものであること、特定の色、特定の刻印のついているものでなければならない。(18)

このフロイス『日欧文化比較』の記述は、戦国時代末期の日本で撰銭が日常的に行なわれていたこと、また、古銭や特定の銭貨が銭として認められていたことを指摘している。

中国からの輸入銭のなかでは、新しい明の銅銭は悪銭の方に属していた。一五世紀に悪銭を取り除く撰銭が行なわれたため、撰銭を制限する法令―撰銭令―が度々出された。

中世日本の公権力が発した撰銭令のなかでもっとも古い法令は、文明一七年（一四八五）四月一五日に守護大名の大内氏が出した禁制である。そこには、「上下大小をいはす、ゑいらく《(永楽)》、せんとく《(宣徳)》においてハ、えらふ《（撰）》へからす、さかひ《（堺）》銭とこうふ《（洪武）》銭なわ切の事也、うちひらめ《（打平）》、此三いろをはえらふへし」[22]とあり、明の永楽通宝・宣徳通宝を悪銭として選び除いてはいけない、堺銭、明の洪武通宝、打平は選び除け、としている。つまり、撰銭が行なわれてきたなかで、これまで明の永楽通宝・宣徳通宝・洪武通宝が悪銭として取り除かれていたので、今後は永楽通宝・宣徳通宝も通貨として使え、と命じているのである。なお、打平《うちひらめ》は、字・文様のない無文銭のことである。

室町幕府が出した撰銭令は、明応九年（一五〇〇）一〇月の追加法第三二〇条から、天文一一年（一五四二）四月二二日の追加法第四九〇条まで、[23]合計一三回ある。明応九年一〇月の追加法第三二〇条には、「根本渡唐銭永楽宣徳洪武等に至りては、向後これを取り渡すべし」（原漢文）とあり、ここからも明の永楽通宝・宣徳通宝・洪武通宝がこれまで取り除かれていたことがわかる。

永正三年（一五〇六）の追加法第三四四条では、それらの混在率を定めている。

定

撰銭事

右、度々御せいはゐ《（成敗）》にまかせて、京銭、うちひらめ《（打平）》等、これをせんし《（撰）》、其外のとたう《（渡唐）》銭、ゑいらく《（永楽）》、こうふ《（洪武）》、せんとく《（宣徳）》、われ銭但、われとをらさる銭、以下、とりあはせて、百文に三十二銭可レ在レ之、けりやう三ふん一向後取わたすへし、若いほん《（違犯）》の族あらハ、随二注進一可レ被レ処二罪科一之由、所下被二仰下一候上也、

仍下知如レ件、

永正三年七月廿二日

（松田長秀）前丹後守平朝臣
（松田頼亮）豊前守平朝臣

これによれば、明銭の永楽通宝・洪武通宝・宣徳通宝、割れ銭は、一〇〇文のうち三二文（三分の二）分にして混ぜ、京銭《きんせん》・打平は選び除け、とある。京銭については詳細は不明であるが私鋳銭と思われる。

この文章から、一〇〇文のうちの三分の二を占める精銭（良銭）は、明以前の中国の古銭、すなわち宋銭・唐銭ということになる。実際に出土している備蓄銭の数量をみても、北宋の銭（一〇～一二世紀）の割合が圧倒的に多い(24)。

なぜ宋銭などの古銭が精銭とされ、明の銭が悪銭とされて、撰銭が行なわれたのであろうか。近年では、中国の貨幣体制と日本の貨幣との関連が注目されている。中国の明では、ヨーロッパの影響を受けて従来の銅貨から一四三六年に銀財政に転換したため、明の銅銭の価値が下がり、さらには私鋳銭が登場して、中国では一四六〇年頃から撰銭が行なわれ、日本はそれに追随したとする指摘がある(25)。

(2)　永楽銭の流通

明銭のなかでも永楽通宝（永楽銭）は、戦国時代の日本の東国で主要な通貨として流通した。『北条五代記[26]』の「関東永楽銭すたる事」には、関東で鐚《びた》銭と永楽銭が同じ値で使われたために訴訟が絶えず、天文一九年に北条氏康《うじやす》が永楽銭だけを使えとする高札を立てたという話がみえる。戦国大名の北条氏が天文一九年にそのような法令を出したとする史料は見当らない。しかし、次の弘治二年（一五五六）の『結城氏新法度《ゆうきししんはっと》』[27]第八三条は、すでに関東で永楽銭が多く流通していたことを示している。

一、銭撰《えら》り候てよく存候哉。万事是者不自由にて候。永楽かた一銭を使《つか》ふべきよし、触《ふれ》を可レ廻候。又撰《えら》りたち之事不レ可レ然由、各被レ思候者、悪銭之佗事被レ申間敷候。此義同心可レ被二申上一候。書《か》き付《つ》けべく候。各に尋候へば、永楽一かたはなるまじく候。悪銭のかたを撰《えら》りて使《つか》ふべからず候よし被レ申候。役《やく》人悪銭《あくせん》撰《えら》り候て、制札《せいさつ》判に打《う》ち付《つ》けべし。

この大意は、撰銭は不都合であるので、永楽銭だけを使うとするか、あるいは銭を選び取ることを禁止とするか、どちらにするかと重臣たちに尋ねたところ、結論は、永楽銭だけというのはよくない、悪銭を指定して使用禁止とする、ということになり、指定の悪銭を制札に書いて公示する、というものである。この条文は、一五五〇年代には関東で永楽銭が流通硬貨の多くを占めており、また、種々の悪銭が出回っていた現状を示している。

北条氏が永楽銭の価値を高く評価していたことは、（永禄一二年）一二月二九日の北条家朱印状写と思われる文書（「真如村八幡神主文書」）に、二貫七〇〇文が永楽銭では九〇〇文とされていることからわかる。[28]二貫七〇〇文の銭の種類は記されていないが、おそらく永禄三年に精銭七〇パーセント、地悪銭三〇パーセントと混在率を定めた[29]あり方の銭であろう。永楽銭の価値は、その精銭・地悪銭混在の銭の三倍と評価されている。これが、天正五年（一五七七）五月二六日北条家朱印状（「竹谷文書」）では、一五貫七六二文が永楽銭では七貫八八一文となり、永楽銭の価値は二倍に下がっている。それでも、永楽銭の価値は高いといわざるをえない。

永楽銭の価値が高かったのは、伊勢国でも同じであった。伊勢国大湊《おおみなと》の「船々聚銭帳」（永禄八年）と「船々取日記」（天正二年）によれば、永楽銭一〇〇文に対し、鐚銭七〇〇文の価値である。伊勢の商人は、関東で広く商業活動を展開していた。伊勢より東の東国では、西国よりも永楽銭に対する評価が高く、東国に永楽銭基準通貨圏が存在したとする考え方がある。[30]

西国では、毛利氏の領国の場合、撰銭令を出さず、低価値の南京銭（中国の南京の私鋳銭のことか）が広く流通して段銭《たんせん》の納入などにも使用されていた。[31]南京銭は、甲斐国の『妙法寺記』（『勝山記』[32]）天文二四年条に「此ノ年銭ニ南金《ナンキン》ト云銭出キ候て、代ヲヱル（撰）事無レ限」とあり、全国的に広まった銭貨であった。

しかし、銅銭の価値は一五七〇年前後に大きく変化する。この時期において畿内・西国では、土地売買の取引手段が銅銭から米に変わり、伊勢国では取引手段が銅銭から金・銀に転換した。[33]

東国における永楽銭に対する高い評価と、一五七〇年前後に銅銭から米に交換手段が転換した原因として、中国における密貿易から公認貿易への転換とスペイン銀の通用により、中国から日本への私鋳宋銭の輸出が停止したため、日本では宋銭が不足したとする指摘がある。[34] つまり、これまで中国で私鋳された宋銭を日本が輸入して通貨として使ってきたのが、中国の銀貨中心への政策転換などにより、日本に宋銭が輸出されなくなり、宋銭の不足から東国では永楽銭の価値が高まり、西国では米が主要な交換手段となったとするものである。

いずれにせよ、一六世紀の日本における貨幣流通の混乱は、中世の貨幣システム自体が行き詰まったことを意味している。[35] その根本的な原因は、中世日本の政府（幕府・朝廷）が統一貨幣を鋳造せずに輸入銭や私鋳銭に依存し、積極的な貨幣政策を放棄していたことにあった。

徳川家康は、慶長五年（一六〇〇）の関ヶ原の戦いで勝利した後、同六年に金座・銀座を設けて小判・丁銀の鋳造を開始し、さらに同一三・一四年に交換比率を金一両＝永楽銭一貫文＝鐚銭四貫文＝銀五〇目と定めて、永楽銭の通用を禁止した。[36] そして、江戸幕府は、寛永一三年（一六三六）に統一銅貨である寛永通宝を発行し、ようやく中国への依存から脱却したのであった。

4　普及した教育

(1)　男も女も

日本では大部分の男女が読み書きができたことを、フランシスコ・ザビエルとルイス・フロイスは書いている。

一五五二年（天文二一）一月二九日付のザビエル書簡[37]（コーチン発、ヨーロッパのイエズス会員宛）には、日本の教育について次のようにある。

　この日本の地には非常に大きな大学が一つあり、バンドウと言います。そこには大勢の坊主達が自分達の宗派を学ぶために集まっています。これらの宗派は上述したように、シナから来たものであり、その教義はシナの文字で書かれています。なぜなら、日本の文字とシナの文字とは甚だ異なっているからです。日本には二種類の文字があります。一方は男性が使用し、他方は女性が使っています。大部分の人びとは男性も女性も、読み書きができますし、武士階層の男女や商人達は際立っています。尼僧達は自分達の寺院で少女達に書くことを教え、坊主達は少年達に教えています。武士達は自らの屋敷で子弟を教育する習慣を持ち、師匠達を抱えております。

ここには、坂東（関東）の足利学校のこと、漢字と仮名のこと、大部分の男女は読み書きができ、特に武士階級や商人たちはすぐれていること、尼は寺院で少女たちに、坊主は少年たちに教え、武士は自邸で師匠を抱えて子弟を教育したことがみえる。

日本人の読み書きについては、フロイスの一五六四年（永禄七）一一月一五日書簡[38]（島原発、コスモ・デ・トルレス宛）にも、「この地（島原）の男子ならびに女子はほとんど皆読み書きを知り」とあり、当時の日本の識字率の高さを示している。

読み書きは、男性だけでなく女性も習得していた。女子が字を書くことについて、フロイス『日欧文化比較』第二章45には、

　われわれの間では女性が文字を書くことはあまり普及していない。日本の高貴の女性は、それを知らなければ価値が下がると考えている。

とあり、日本の上流階級の女性にとって字を書くことは当然の教養であった。

庶民にも読み書きや学問の知識は普及していた。庶民の男女が和歌・連歌・漢詩・漢字などの知識を身につけていたことは、これまで狂言・御伽草子などの史料から指摘されている[39]。先掲のザビエル書簡は、尼が少女たちに教え、僧侶が少年たちに教えたことを記している。フロイス『日欧文化比較』第三章8にも「日本ではすべての子供が坊主の寺院で勉学する」とある。

中世では、現代の初等教育にあたる教育は寺院で行なわれた[40]。俗人の子弟が寺院で教育を受けた具体的な古い例としては、一二世紀後半に平経盛《つねもり》の子経正《つねまさ》が八歳から一三歳までを仁和寺で学んだ例がある（『平家物語』巻七「経正都落」[41]）。

庶民の子も寺院で教育を受けた。一三世紀初め成立の『長谷寺霊験記』[42]には、高倉天皇の時代（一一六八～八〇年）に摂津国住吉の住人の藤五が男子を和泉国巻尾（ママ）寺に入れて学ばせ、十六、七歳のときに呼び戻して跡を継がせようとしたところ、その男子は一七歳で出家して僧になってしまったという話がある。また、一六世紀後半に、興福寺多聞院《たもんいん》の英俊のもとには奈良の商人の子供たちが手習のた

めに預けられており、なかには女子もいた[43]。村の寺庵でも読み書きを教えていたことが指摘されている[44]。

先のザビエル書簡には尼が少女たちに書くことを教えたことが記されているが、この史料はこれまで女子教育の史料として取り上げられてこなかったと思われる。尼寺は女子の教育機関でもあった。戦国時代に日野富子の親戚の「しょうせい」という女性は、五歳のときに比丘尼御所《びくにごしょ》の大慈院に入って経の読み方を教わり、宮仕えをする年頃に寺を出て嫁ぎ先を探している[45]。比丘尼御所は天皇家や将軍家の娘が住持を務めた尼寺で、上流階級の女子を預かって教育する機関でもあった。

これら寺における教育は、近世に各地で寺子屋という教育機関としてさらに発展していった。また、貞享五年（一六八八）刊の井原西鶴作『日本永代蔵』[46]巻二「世界の借屋《かしや》大将」には、「女寺へも遣《やら》ずして、筆の道を教、ゑひもせす京の、かしこ娘となしぬ」とあり、この「女寺」は中世に教育を行なった尼寺の系譜と思われる。

(2) 教育の内容

戦国時代の寺院で、俗人の子弟にどのような教育を行なっていたのかが具体的によくわかる史料が、玉木吉保の自叙伝『身自鏡《みのかがみ》』である。

玉木吉保は毛利元就・輝元・秀就の家臣で、天文二一年（一五五二）七月八日に生まれ、寛永一〇年（一六三三）正月一三日に八二歳で没した。『身自鏡』は、吉保が元和三年（一六一七）一一月の六六歳のときに執筆し、後に書き足していったもので、戦国期の寺院教育の史料としてよく引用される。『身自鏡』から、寺での教育を記した部分を次に掲出する。(47)

〔十三歳時の修業〕

既に百日に成ぬれば、孩《がい》名を付られける。祖父の孩名なれば、初《はじめ》次丸とぞ云ける。其後父母に養育せられ、漸々十三歳にも成ければ、毛利陸奥守元就様の御前にて、正月十一日に元服して、又三郎吉保とぞ名乗りける。其二月九日に、為二学文一勝楽寺と云ける真言寺へぞ登山しける。院主の名をば、権大僧都大阿闍梨俊弘法師とぞ申しける。其日吉日なれば、いろはの筆立をぞ被レ教ける。五日の内に習納、清書して父の見参に入る。其後仮名文・真名《まな》字を次第〳〵に習也。読物には看経の為にとて、先心経・観音経を読み、朝には早く起、手水《ちょうず》を遣い髪を結、先本堂に参本尊を奉レ拝、其儘梵天帝釈・四大天王を拝し、下界の鎮守には、伊勢天照大神・春日大明神、殊には熊野三所権現・八王子玉置大明神・金剛童子・八大竜王・大峯の禅鬼が一党拝レ之。畿内にては、祇薗・清水・賀茂・稲荷・やわた八幡・北野の天神・愛宕《あたご》の権現・鞍馬多門天・山王七社・住吉・天王寺迄奉レ拝。東にては、竹武〔生〕嶋弁才天・熱田大明神・三嶋明神・白山・富士・浅間権現・諏訪・羽黒、其外所々明神拝み、西国にては、備前・備中・備後・貴〔吉〕備津宮・安芸厳嶋両大明神・防符天神・長門一宮・二宮・神宮〔功〕皇〔后〕宮別而者、摩利支天・大黒天・日天月天・十二天、其外先祖の尊霊、日本朝中大小神祇・諸仏諸〇奉レ拝武運長久・子孫繁昌・現世安穏・後生善所と奉二回向一。御堂より下向して朝食終れば、楊枝を遣《つかい》うがいして、髪を結ひ衣裳刷《つくろ》ひ、宗祇の短哥の如く身を耆〔嗜〕み、机を立墨を摺、終日迄手習して、日も夕陽に傾けば、清書して師匠の御目に懸るに、一心不乱に習たる時は、一段神妙なりと誉め、疎学不用之時は、杖を以て被レ打、追籠らるゝ時も有、扨《さて》又、宵にも成ければ、蛍雪の光をかゝげて書を読、庭訓・式定〔条〕・童子教・実語教、其外往来分の物をば、十三の年読了《おわ》りけり。

〔和漢の修業と蹴鞠歌〕

十四の歳は、読物には論語、朗詠・四書五教〔経〕、六稲〔韜〕三略、其外文書多分読明たり。朝には朝水を取て椽《えん》の傍に彳《たたずみ》、師匠に参せ、夕には洗足を催而廊の際に畏り、心を尽し身を砕き、師範の奉公不レ浅。弟子、去二七尺一師の影を不レ可レ踏と申候へば、誠尊敬無レ極者也。昼夜習学すると云へども、生徳愚鈍に而、所レ学浅し。

十五の歳は、草行の字は如レ行書覚たれば、真の物など少し習レ之也。読物には、古今・万葉・伊勢物語・源氏一部・八代集・九代集、其外歌書の口尺〔講釈〕を聞、和歌の道を学び、人丸・赤人の跡を尋、定家・家隆の流を知る。されば初春早梅と云心を〇春ながらふる薄雪の匂ひかは梅の花ちる庭の真砂地。亦、夏の歌とて、鳴かとよね覚《ざめ》わびしき夏の夜の心いられのほとゝぎすかな。又、秋の歌に八〇秋の夜の名高き空の月しろは木々の梢にうつろひにけり。冬の歌〇ふりつみし雪を嵐の吹はらひ松のみどりは春めきにけり。此歌どもをバ、腰おれとや云はん、樵歌とやいわん、おかしき事のみ也。或は御連歌の有時は、御執筆《しゅひつ》の参、一折書事も有、一座一句は難レ有事なれ共、はいかいの様に申出しけるは、疎の事共也。扨又、御はやしなどの有けるには、一さし舞て一曲をうたひ、何となく戯たるは、若侍の耆〔嗜〕みと人々申給へるは、忝次第也。

　一六の歳は下山し、此二、三ヶ年在寺して窮屈なりければ、暫く令二休息一ける。（後略）

吉保は、一三歳の永禄七年（一五六四）正月一一日に毛利元就の御前で元服し、二月九日に真言宗の勝楽寺に入山した。院主の俊弘法師が師匠であった。

吉保は、初日から五日目まで、いろはを教わって書き、その後、仮名文・真名字（漢字）を教わっていった。また、般若心経・観音経の読み方を教わった。初めに書くことから教わることについては、フロイス『日欧文化比較』第三章9で、ヨーロッパでは読むことと習うことと対比させて指摘している。

吉保の毎日の日課は、朝は早起きし、洗顔・髪結して、本堂で本尊・諸神を拝み、その後、朝食を取り、歯磨きをして、身を整え、机に向って夕方まで習字に励んだ。

この一三歳の年には、『庭訓往来』、式条すなわち『御成敗式目』、『童子教』『実語教』、その他の往来物（初等教育の教科書）を勉強している。『御成敗式目』は、貞永元年（一二三二）に制定された鎌倉幕府の法典、『童子教』『実語教』は五言の漢文で書かれた道徳書である。これら往来物や道徳書・法典で、日常生活の基礎知識や道徳を身につけている。なお、数え年の場合はみな正月一日に一つ歳をとるので、「十三歳時の修業」は永禄七年の学習内容である。

一四歳のときには、『論語』、藤原公任撰の詩歌集である『和漢朗詠集』、四書（『大学』『中庸』『論語』『孟子』）、五経（『易経』『詩経』『書経』『春秋』『礼記』）、兵書の『六韜』『三略』など、中国の古典を中心に学んでいる。また、朝夕には師匠への奉公も務めた。

一五歳になると、書くことでは草書・行書はすでに習得したので楷書を習った。また、日本の古典文学である『古今和歌集』『万葉集』『伊勢物語』、『源氏物語』の注釈書である『源氏一部之抜書』、勅撰和歌集を合わせた『八代集』『九代集』など、和歌・物語を学んだ。さらに、連歌や舞・謡もたしなんでいる。

寺では音楽や芸能も教えたことは、中世末・近世初成立の『世鏡抄』(48)第一六「児垂髪之法儀事」にも「申ヨリ酉迄ハ諸芸ノ遊ニ懸リテ心諫メ、酉ヨリ戌迄万ノ艶シキ詞、儀理・歌・物語・笛・尺八・管弦ナトヲ嗜メ」とあり、夕方から夜にかけて、寺にいる子どもたちは遊芸・和歌・物語・音楽などに励んでいる。

吉保は一六歳で寺から下山した。家に戻ると、しばらく休息ということで弓・蹴鞠《けまり》で遊び、乗馬の稽古をしている。一八歳のときには「物共の書様、筆道の分別、仮名遣の合点」を習った。二〇歳のときには料理や茶の湯を学んでいる。

この『身自鏡』からは、戦国末期の武士が身につけた教養・知識がわかり、当時の武士が受けた教育のレベルの高さがうかがわれるのである。

注

（1）ルイス・フロイス（岡田章雄訳注）『ヨーロッパ文化と日本文化』（岩波文庫、岩波書店、一九九一年）。

（2）小袖については、河鰭実英『きもの文化史』（鹿島出版会、一九六六年）、同編『日本服飾史辞典』（東京堂出版、一九六九年）、神谷栄子編『日本の美術67　小袖』（至文堂、一九七一年）、谷田閲次・小池三枝『日本服飾史』（光生館、一九八九年）、高田倭男『服装の歴史』（中央公論社、一九九五年）などに詳しい。

（3）『群書類従』第二三輯、武家部（続群書類従完成会）。

（4）神谷栄子編『日本の美術67　小袖』〔注（2）〕三二頁、「近世小袖実測寸法比較対照表」（男物）。

（5）神谷栄子編『日本の美術67　小袖』三五頁。

（6）神谷栄子編『日本の美術67　小袖』一九・二〇頁で、日本の衣服は熱帯性の衣服に属し、蒸し暑い夏に対処するために風通しをよくし、冬はかさね着をして寒さを防ぐとしている。

（7）ヴァリニャーノ（松田毅一他訳）『日本巡察記』（東洋文庫、平凡社、一九七三年）。

（8）ケイティ・スチュワート（木村尚三郎監訳）『料理の文化史』（学生社、新装版一九九〇年）一一五頁。

（9）ケイティ・スチュワート（木村尚三郎監訳）『料理の文化史』九二頁。

（10）ルイス・フロイス（柳谷武夫訳）『日本史1』（東洋文庫、平凡社、一九六三年）解説。

（11）ヴァリニャーノ（松田毅一他訳）『日本巡察記』解題I。

(12)ルイス・フロイス『ヨーロッパ文化と日本文化』五七頁。
(13)『異国叢書　耶蘇会士日本通信　上巻』(村上直次郎訳、渡辺世祐註、雄松堂書店、改訂復刻版一九六六年)二四。
(14)桜井秀・足立勇『日本食物史』(雄山閣、一九三四年)第七章一一「刺身と汁物」、渡辺実『日本食生活史』(吉川弘文館、一九六四年)一四五頁。
(15)『日本国語大辞典(第二版)』一〇(小学館、二〇〇一年)二四四頁。
(16)『群書類従』第一九輯、飲食部。
(17)『群書類従』第一九輯、飲食部。
(18)『群書類従』第一九輯、飲食部。
(19)渡辺実注(14)著二〇六頁、日本風俗史学会編『図説江戸時代食生活辞典(新装版)』(雄山閣出版、一九九一年)「刺身」の項、松下幸子『図説江戸料理事典』(柏書房、一九九六年)九七・二八六頁。
(20)桜井秀・足立勇注(14)著三七二頁、渡辺実注(14)著一四九・一五〇頁。なお、戦国時代における味噌・醤・醤油の違いについては、吉田元『日本の食と酒　中世末の発酵技術を中心に』(人文書院、一九九一年)第七章「大豆発酵食品」に詳しい。
(21)日本の貨幣史については、小葉田淳『改訂増補日本貨幣流通史』(刀江書院、一九四三年)、滝沢武雄『日本の貨幣の歴史』(日本歴史叢書新装版、吉川弘文館、一九九六年)、東野治之『貨幣の日本史』(朝日選書、朝日新聞社、一九九七年)、滝沢武雄・西脇康編『日本史小百科〈貨幣〉』(東京堂出版、一九九九年)、池享編『銭貨　前近代日本の貨幣と国家』(青木書店、二〇〇一年)などがある。
(22)佐藤進一・池内義資・百瀬今朝雄編『中世法制史料集　第三巻武家家法I』(岩波書店、一九六五年)「大内氏掟書」第六二条。

(23) 佐藤進一・池内義資編『中世法制史料集　第三巻室町幕府法』(岩波書店、一九五七年)。
(24) 鈴木公雄『出土銭貨の研究』(東京大学出版会、一九九九年)、同『銭の考古学』(歴史文化ライブラリー、吉川弘文館、二〇〇二年)。
(25) 足立啓二「東アジアにおける銭貨の流通」(荒野泰典・石井正敏・村井章介編『アジアのなかの日本史Ⅲ　海上の道』東京大学出版会、一九九二年)。
(26) 『第二期戦国史料叢書1　北条史料集』(萩原龍夫校注、人物往来社、一九六六年)。
(27) 『日本思想大系　中世政治社会思想　上』(岩波書店、一九七二年)。
(28) 佐脇栄智『後北条氏の基礎研究』(吉川弘文館、一九七六年) 八「後北条氏の貨幣政策について」。
(29) 杉山博・下山治久編『戦国遺文　後北条氏編』一(東京堂出版、一九八九年) 六三三号。
(30) 永原慶二「伊勢商人と永楽銭基準通貨圏」(日本福祉大学知多半島総合研究所編『知多半島の歴史と現在』五、校倉書房、一九九三年)。
(31) 本多博之『戦国織豊期の貨幣と石高制』(吉川弘文館、二〇〇六年)。
(32) 『山梨県史　資料編6中世3上　県内記録』(山梨県、二〇〇一年)。
(33) 浦長瀬隆『中近世日本貨幣流通史―取引手段の変化と要因―』(勁草書房、二〇〇一年)。
(34) 黒田明伸『〈世界歴史選書〉貨幣システムの世界史〈非対称性〉をよむ』(岩波書店、二〇〇三年)。
(35) 中島圭一「撰銭再考」(小野正敏・五味文彦・萩原三雄編『考古学と中世史研究2　モノとココロの資料学　中世史料論の新段階』(高志書院、二〇〇五年)。
(36) 東京大学史料編纂所編『大日本史料　第一二編之五』(東京大学出版会、一九〇四年、覆刻一九六九年) 九七一・九七二頁。
(37) 東京大学史料編纂所編『日本関係海外史料　イエズス会日本書翰集　訳文編之一(下)』(東京大学史料編纂所、

一九九四年）四七。
(38) 『新異国叢書1　イエズス会士日本通信　上』（村上直次郎訳、柳谷武夫編、雄松堂出版、一九六八年）四七。
(39) 尾形裕康『日本教育通史研究』（早稲田大学出版部、一九八〇年）一二四頁、志賀匡『日本女子教育史』（琵琶書房、一九七七年）一七五頁など。
(40) 日本の中世の寺院における初等教育については、結城陸郎編著『日本子どもの歴史②乱世の子ども』（第一法規出版、一九七七年）、同「中世日本の寺院学校と民衆教育の発達」（多賀秋五郎編著『中世アジア教育史研究』国書刊行会、一九八〇年）、『講座日本教育史（第一巻）原始・古代／中世』（第一法規出版、一九八四年）、久木幸男「中世民衆教育施設としての村堂について」（『日本教育史研究』六、一九八七年）、大戸安弘『日本中世教育史の研究―遊歴傾向の展開―』（梓出版社、一九九八年）などがある。
(41) 『新日本古典文学大系　平家物語　下』（岩波書店、一九九三年）。
(42) 『続群書類従』第二七輯下、釈家部（続群書類従完成会）。
(43) 『多聞院日記』（臨川書店、一九七八年）。結城陸郎注(40)論文参照。
(44) 久木幸男注(40)論文、大戸安弘「中世民衆の生活と教育」（石島庸男・梅村佳代編『日本民衆教育史』梓出版社、一九九六年）。
(45) 拙稿「中世後期の比丘尼御所―大慈院の生活と経営―」（『学習院女子大学紀要』六、二〇〇四年、拙著『中世の武家と公家の「家」』所収、吉川弘文館、二〇〇七年）。
(46) 井原西鶴作・東明雅校訂『日本永代蔵』（岩波文庫、岩波書店、一九五六年）。
(47) 『第二期戦国史料叢書7　中国史料集』（米原正義校注、人物往来社、一九六六年）。
(48) 『続群書類従』第三二輯上、雑部。

第二部　行事と儀式

第一章　年中行事

1　年中行事とは

年中行事とは、一年の定まった時に行なわれる行事で、毎年繰り返して行なわれる。年中行事にはさまざまな種類があり、社会・階層・職種・地域・家族など、それぞれの集団などによって異なり、また、それらは混ざり合っている。

年中行事にあたる特定の日を、古くは「節」と呼んだ。(1)「節」には、一年間の単調な流れに区切りをつけて、生活にリズムを持たせる意味がある。現在使われている「節句」という言葉は、元来は「節供」と書き、節日の供物を意味した。室町時代の文安二年（一四四五）成立の『壒囊鈔《あいのうしよう》』(2)では、「節供」は特別の行事を行なう日の意味に用いられており、やがて、江戸時代の前・中期に「節句」の字を用いるようになった。(3)五つの節供である「五節供」については、『壒囊鈔』では、正月一日、三月三日、五月五日、七月七日、九月九日としている。このうち正月一日は、のちに正月七日になった。

それぞれの年中行事の起源は、日本の民俗固有のもの、中国・朝鮮など外国のものなどさまざまであるが、年中行事の根底には日本の風土と農耕生活がある。年中行事は、日本の四季の移り変わり、麦刈り・畠作・稲刈りなどの農耕と深く関係している。

年中行事は時代とともに変化していく。ひな祭り・七夕など、現代で行なわれている伝統的な年中行事は、江戸時代に現在の形になったものが多い。そして現代においても、父の日・母の日・バレンタインデーなど西洋に起源を持つ新しい行事が年中行事に加わりつつある。年中行事は、伝統を継承しながら、その時代のさまざまな文化の影響を受けて変化していくのである。

近代以前の社会は身分制社会であり、年中行事は公家・武家・庶民などの身分階層によってまた異なっていた。

公家の年中行事は、奈良・平安時代に天皇・貴族が中国の年中行事を取り入れて儀式化したが、中世に民間・武家の影響を受けて変化していった。公家の年中行事の儀式書としては、『内裏式《だいり》』『年中行事御障子文《そうじ》』『小野宮年中行事』『西宮記《さいきゅうき》』『北山抄《ほくざんしょう》』『江家次第《ごうけ》』、鎌倉時代末頃の『建武年中行事』、室町時代の『公事根源』『年中行事大概』、江戸時代の『後水尾院《ごみずのおいん》年中行事』『嘉永年中行事』などがある。(4)

武家の年中行事は、鎌倉時代では公家の年中行事を基本にしていたが、室町時代の幕府では伊勢氏など故実《こじつ》専門の家ができ、武家の年中行事が形成された。室町・戦国時代の武家の年中行事書には、

『慈照院殿《じしょういんどの》年中行事』『鎌倉年中行事』『年中定例記』『年中恒例記』(5)、江戸時代の幕府の年中行事については『柳営秘鑑《りゅうえいひかん》』『殿居嚢《とのいぶくろ》』(6)、明治一一～一四年に編纂された『徳川礼典録』(7)などがある。

庶民の年中行事については、古代では史料が少なく不明なことが多いが、中世後期以降は日記・古文書・絵画史料などから知ることができる。江戸時代には『日本歳時記』『東都歳事記』(8)などの年中行事書が出版された。この他の民間の年中行事に関する書物などは、『民間風俗年中行事』(9)、『日本庶民生活史料集成』(10)第九巻・第二三巻などに収録されている。

これらの前近代における年中行事の基本的な史料は、『古事類苑　天部・歳時部』(11)に収載されている。

年中行事の研究は、柳田国男(12)・折口信夫(13)氏を始めとして宮本常一(14)・桜井徳太郎(15)・宮田登(16)・田中宣一(17)氏など民俗学の分野に多い。歴史学の分野では、桜井秀(18)・江馬務(19)氏に始まり、和歌森太郎氏『年中行事』(20)、遠藤元男・山中裕氏編『年中行事の歴史学』(21)などがあるほか(22)、まとまった個別研究としては平安時代の年中行事についての山中裕氏(23)、中世・近世の武家儀礼に関する二木謙一(24)氏の研究などがある。

本章では、中世後期に庶民・武家文化の影響を受けた年中行事に焦点をあてる。中世の庶民の年中行事については、越後の色部氏領や山城国山科東荘の百姓たちの年中行事に関する藤木久志氏の論考(25)、農事暦から考察した木村茂光氏(26)の論考などがある。本章では日記などの諸史料を用いて、これまで取り上げられることの少なかった室町時代の「家」の年中行事について明らかにし、さらに、古代～近世に年中行事が変わりゆくすがたをたどっていく。

2　正月の行事

明応三年（一四九四）正月一日、京都に住む公家の山科言国《やましなときくに》の元日は、早朝の四方拝《しほうはい》から始まった。

　早旦ニ予四方ニ拝し畢《おわんぬ》。

　吉方に向い吉書始め畢。目出々々。

（『言国卿記』(27) 明応三年正月一日条、原漢文）

四方拝は、古代～近世に天皇や公家が、元日の早朝に庭に座を敷いて、天地四方・属星・諸神・先祖等を拝礼する儀式である。天皇の場合は、清涼殿の庭に四方を屏風で囲った座を設けて行なった。公家の中御門宣胤《なかみかどのぶたね》の場合は、庭に薦《こも》の上に畳を敷いた座を設け、自分の属星・当年星、天・地、東・西・南・北、大将軍・王相・天一・太白、宅中神・竈神《かまど》、伊勢・八幡・賀茂・松尾・春日・大原野・吉田・日吉・祇園・北野・下御霊・多武峯《とうのみね》・惣神、先祖廟を拝している（『宣胤卿記』(28) 文明一三年〔一四八一〕正月一日条）。

吉書《きつしょ》始めは、書初《かきぞ》めのことである。

言国の青侍大沢久守の家では、元日の最初に吉書と弓始めを行なっている（『山科家礼記』(29)）。

正月二日、山科言国の家では夜に「御鏡《みかがみ》の祝」を行なった。すなわち鏡餅を見る行事である。二日の御鏡の祝は、大沢久守の家でも行なわれた。

これと似た行事に歯固《はがため》の行事がある。歯固は、古代・中世の宮中などで正月一〜三日に行なわれた。歯固には歯を固めて長寿を願う意味があり、『江家次第』によれば大根・苽《うり》の串刺・押し鮎・煮塩鮎・猪肉・鹿肉を供した。

言国の家では正月の祝いは三日まで行なわれた。

正月七日は若菜を食する日である。『枕草子』にも「七日の日の若菜」(30)とあり、平安時代からあった行事である。室町時代には、「若菜汁」（『経覚私要鈔』(31)）、「菜羹」（『実隆公記』(32)）とあり、若菜を羹《あつもの》として食べた。大沢久守家では味噌水《みそうず》（味噌を加えて煮た雑炊）にして食べている。また、相国寺蔭凉軒主《いんりょうけんしゅ》の日記『蔭凉軒日録』(33)には「七種菜楊花」とあって七種の菜で食べており、やがて江戸時代には七種菜の粥を食べる日になった（『東都歳事記』）。この七種の菜についてはいろいろな説がある。『壒嚢鈔』では、ある和歌にみえる、せり・なづな・五行・たびらく（田平子）・仏の座・あしな・みみなし（耳菜草）の七種や、芹・五行・なづな・はこべら・仏の座・すずな・みみなしの七種などを挙げており、七種菜の種類は室町時代では流動的であった。

正月一五日には七種などの粥《かゆ》を食べた。『延喜式』巻四〇主水司《もいとりのつかさ》では七種を米・粟・黍子《きび》・稗子《ひえ》・葟子《みの》・胡麻子・小豆《あずき》として天皇に献上している。(34)室町時代には諸日記に「赤粥」（『言国卿記』『蔭凉軒日録』など)、「豆粥」(『実隆公記』)とみえ、小豆粥を食べている。江戸時代でも小豆粥を食べた。

正月一五日には宮中や民間で三毬打《さぎちょう》(左義長)も行なわれた(35)(図9)。これは、長い竹を数本立てて松飾や吉書などを入れて焼く行事で、鎌倉時代から文献にみえ、現在も「とんど焼き」などと呼ばれて行なわれている行事である。大沢久守の『山科家礼記』延徳三年(一四九一)正月一五日条には、次のような興味深い記述がある。

今朝早々三毬丁ハヤサル。御所御事タカクワヤメカス。予吉書入れ候也。各かくの如く候か。次御カユ祝候也。(原文は一部漢文)

三毬打を燃やしながら、「御所」(天皇か将軍)のことについて大声で冗談を言っており、普段は言えないようなことを言ってもこのときは許されたのであった。

図9　三毬打(「案内者」『続日本随筆大成別巻　民間風俗年中行事上』)

3　桃花の節供

三月三日は桃花の節供である。

桃花佳節例の如し。（中略）今日禁裏闘鶏。（『宣胤卿記』文亀二年〔一五〇二〕三月三日条。原漢文）

中御門宣胤の家では桃花の節供のお祝いが行なわれた。山科家の青侍大沢久守の家では赤飯を食べている（『山科家礼記』）。

朝廷では闘鶏が催された。闘鶏は平安時代から盛んに行なわれていたが、三月三日の朝廷の行事になったのは平安時代末頃からで、江戸時代まで続けられた。

この他に平安時代から朝廷で行なわれた三月三日の行事に御燈《ごとう》がある。御燈は天皇が北辰《ほくしん》（北極星）に燈火を奉る行事で、宮主《みやじ》の占により穢気《えげ》がある場合は、御燈を奉らずに御禊《ごけい》があり、御祓《おんはらえ》が行なわれた。御燈の御禊は、万里小路時房《までのこうじときふさ》の日記『建内記』(36)にみえるので、少なくとも一五世紀中頃までは行なわれていたが、戦国時代には消滅したらしい。

三月三日といえばひな祭りであるが、ひな祭りの起源は三月の「上巳《じようし》の祓《はらえ》」という行事である。「上巳の祓」は、三月上旬の巳《み》の日に、陰陽師《おんみようじ》から送られた人形《ひとがた》に自分の身の穢れを移して陰陽師に渡し、陰陽師がその人形にお祓をして川や海に流す行事である。『源氏物語』の「須磨」巻には、三月の巳の日に源氏が須磨の海岸に陰陽師を呼び出して祓をさせ、舟に人形を乗せて流している場面がある。

近世初期の『後水尾院年中行事』には、天皇のために陰陽頭《かみ》の安倍氏（土御門《つちみかど》家）が人形を辰の日に進上し、御所の女官が四角に切った絹の衣を人形に着せて天皇の枕元に置き、翌日の巳の日の巳の刻に出したことがみえる。かつては人形に撫物《なでもの》の単《ひとえ》の衣を添えて出していたが、当時は人形だけになっていたという。撫物の衣を人形に添えたことは、『建内記』文安四年（一四四七）三月二日条に万里小路時房が撫物の直垂《ひたたれ》を人形に添えて出したことがみえるので、戦国時代にすたれたと思われる。

延宝五年（一六七七）成立の『日次紀事』[37]の三月三日には、「雛遊　今日良賤の児女、製紙の偶人、是雛と称し、これを玩《もてあそ》ぶは、元贖物《あがもの》の義にて、すなわち祓具也」（原漢文）とあり、巳の日の人形は、少なくとも江戸時代前期には三日の女子のひな遊びに変化していた。そして人形は紙から木に変わり、人形の衣服や調度は華美なものになっていった。天保九年（一八三八）刊の『東都歳事記』には「女子雛遊び　二月の末より、屋中に段をかまへて飾るなり」とあり、江戸時代末期には豪華なひな壇の内裏びながができあがっていた。

4　衣　更　え

現在、制服のある中学・高校などでは、六月一日に冬服から夏服に、一〇月一日に夏服から冬服に衣替えをする。冬服と夏服の違いの一つには、裏地の有無がある。

衣《ころも》替《が》えは、衣更え・更衣などと書き、平安時代から行なわれており、四季の変化の激しい日本の風土に合った慣習である。

朝廷では、四月一日と一〇月一日に衣更えを行なった。後醍醐天皇著『建武年中行事』には、四月一日と一〇月一日について次のようにある。

四月ついたち御衣《ころも》がへ《(更)》なれば、所々御しやうぞく《(装束)》あらたむ。御殿御帳《とばり》のかたびら《(帷)》、おもてすゞし《(生絹)》にごふん《(胡粉)》にて絵をかくべし。かべしろ《(壁代)》みなてつ《(撤)》す。よるのおとゞ《(御殿)》もおなじ。とうろ《(燈籠)》のつな《(綱)》おなじ物なれど、あたらしきかく。たゝみ《(畳)》おなじ。しとね《(茵)》かはらず。御ふく《(服)》は御なをし《(直衣)》、御ぞ《(衣)》すゞしのあや《(綾)》の御ひとへ《(単)》、御はりばかま《(張袴)》、内蔵寮たてまつる。女房きぬあは《(袷)》せのきぬども、衣がへのひとへ、からぎぬ《(唐衣)》すゞし、も《(裳)》上らう薄物、小上臈うす色、つねのごとし。(後略)

十月一日御衣がへ。ひら座。四月におなじ。

朝廷での衣更えでは、四月一日に清涼殿の御帳《とばり》の帷《かたびら》を替えて壁代《かべしろ》を取り除いた。天皇の衣服は内《く》蔵寮《らりょう》が調進し、直衣《のうし》と御衣《おんぞ》（夜具）は生絹《すずし》の綾の単《ひとえ》に、袴は張袴《はりばかま》になった。女房たちの衣服は、袷《あわせ》ののち、衣更えの単と唐衣《からぎぬ》は生絹になった。生絹は、生糸《きいと》で織った絹で、軽くて薄い。

室町幕府の衣更えでは、さらに細かく衣更えをしており、また、男性と女性とでは違いがある。天文一三年（一五四四）以降に成立した『年中恒例記』から、衣更えに関する記述を次に抜き出してみる（原文は一部漢文）。

四月一日

今日より五月五日迄袷を着る也。

五月五日

今日より帷子也。但、女中衆は袷也。

六月一日

女中衆かたひらを着用す。

八月一日

女中衆あはせこれを着用する也。同染付とて、文をあをく染たる小袖を着らるる也。今月中これを着る。

九月一日

むかしは今日より九月八日まてあはせ也。男女同前。然に当時は九月朔日より八日迄あはせ也。

今日より九日迄あはせ也。

九月九日

今日より小袖也。

袷は表地と裏地のある二重仕立ての衣服、帷子は裏地のない単の衣、小袖は表地と裏地の間に綿を入れた衣服である。男性は、四月一日から袷に、五月五日から帷子に、九月一日から袷に、九月九日から小袖に衣更えをし、女性は、六月一日に袷から帷子に、八月一日に袷に、九月九日に小袖に衣更えをしている。大永八年（一五二八）成立の伊勢貞頼著『宗五大草紙』では、女性は五月五日と八月一日に裏地が生絹の練貫《ねりぬき》（経糸《たて》を生糸、緯糸《よこ》を練糸で織った絹）の袷になるとしている。女性の方は男性よりも細かく防寒気味に衣更えをしているといえる。

5　端午の節供

五月五日は端午《たんご》の節供である。京都の山科言国の家では、四日に屋根に菖蒲《しょうぶ》を葺《ふ》く作業を行なった。言国の日記『言国卿記』の明応四年（一四九五）五月四・五日条から引用する（原文は一部漢文）。

五月四日

一、暁明恒例の如くシヤウフ《（菖蒲）》ヲ衛門男フキ《（葺）》畢《おわんぬ》。

一、明日之マキ先々の如く用意也。（後略）

五月五日

一、今日祝着之儀恒例の如し。目出々々。阿茶新調の帷《かたびら》、シヤウフ刀・ヤリ持ち了《おわんぬ》。

一、菖補〔蒲〕御湯柴地下ヨリ上ヲ、長門方（大沢久守）ヨリ出畢。

五日にはお祝いが行なわれ、言国の次男阿茶丸（言綱）は、新調の帷を着て菖蒲刀と槍を持った。言国の家では菖蒲湯に入っている。菖蒲湯を焚く柴は、家領の山科東荘から言国の青侍大沢久守を通して出された。

大沢久守の家の端午の節供は、四日に山科家と同じく屋根に菖蒲を葺いた。久守の日記『山科家礼記』の延徳三年（一四九一）五月三・四・五日条から一部を抜き出そう。

五月三日

一、若御料人（阿茶丸・山科言綱）太刀・刀七十五文、かふと八文、ねしやうふ三文、うすやう三文。

一、ちまき米代二百文、さゝ廿八文、しやうふ十七文。

五月四日

一、今朝しやうふゝき候也。

一、これのちまき三百五十文、廿兵衛方（大沢重致）へ、十ほん所（山科言国）へまいる。

五月五日

一、賀茂桂〔競〕馬候也。此辺大印《インチ》治候也。人死候也。
一、御みやよりちまき十上候。
一、しは二か、ゑもき一束、又ゑもき一か、かた〳〵ほん所まいる。

久守は、三日に阿茶丸（言綱）のために太刀・かぶと、根菖蒲などを買っている。また四日には粽《ちまき》を自家、息子重致、言国家のために買っている。五日の日には上賀茂神社で競馬が催された。また、印地打ちという二手に分かれて石を投げ合う遊びが近所で大規模に行なわれ、死者が出たという。

端午の節供で重要な役割を果たす菖蒲は、サトイモ科の植物で、葉は剣状で香がある。中国の年中行事書『荊楚《けいそ》歳時記』[38]（宗懍《そうりん》著、六世紀）では、五月を悪月とし、五月五日の浴蘭節に艾《よもぎ》を門戸の上に懸けて毒気を払い、菖蒲をきざんで酒に浮かべるとしており、菖蒲の持つ芳香が病気や邪気を除くと信じられていた。この中国の風習が日本に取り入れられたと考えられる。五月四日に菖蒲を屋根に葺く風習は、『西宮記』にみえ、平安時代から宮中で行なわれていた。

端午の節供で幟《のぼり》を立てたのは、江戸時代になってからである。[39]永禄八年（一五六五）成立の上杉本『洛中洛外図屛風』には、男児たちが甲を頭に載せて刀や幟を身に付けて遊ぶ姿が描かれているが、幟を屋外に立てている絵はない。天保九年（一八三八）刊の『東都歳事記』には、「町家に至る迄、七歳以下の男子ある家には、戸外に幟を立、冑《かぶと》人形等飾る。又坐舗のぼりと号して、屋中へかざるは、近世の簡易也。紙にて鯉の形をつくり、竹の先につけて、幟と共に立る事、是も近世のならはし也。

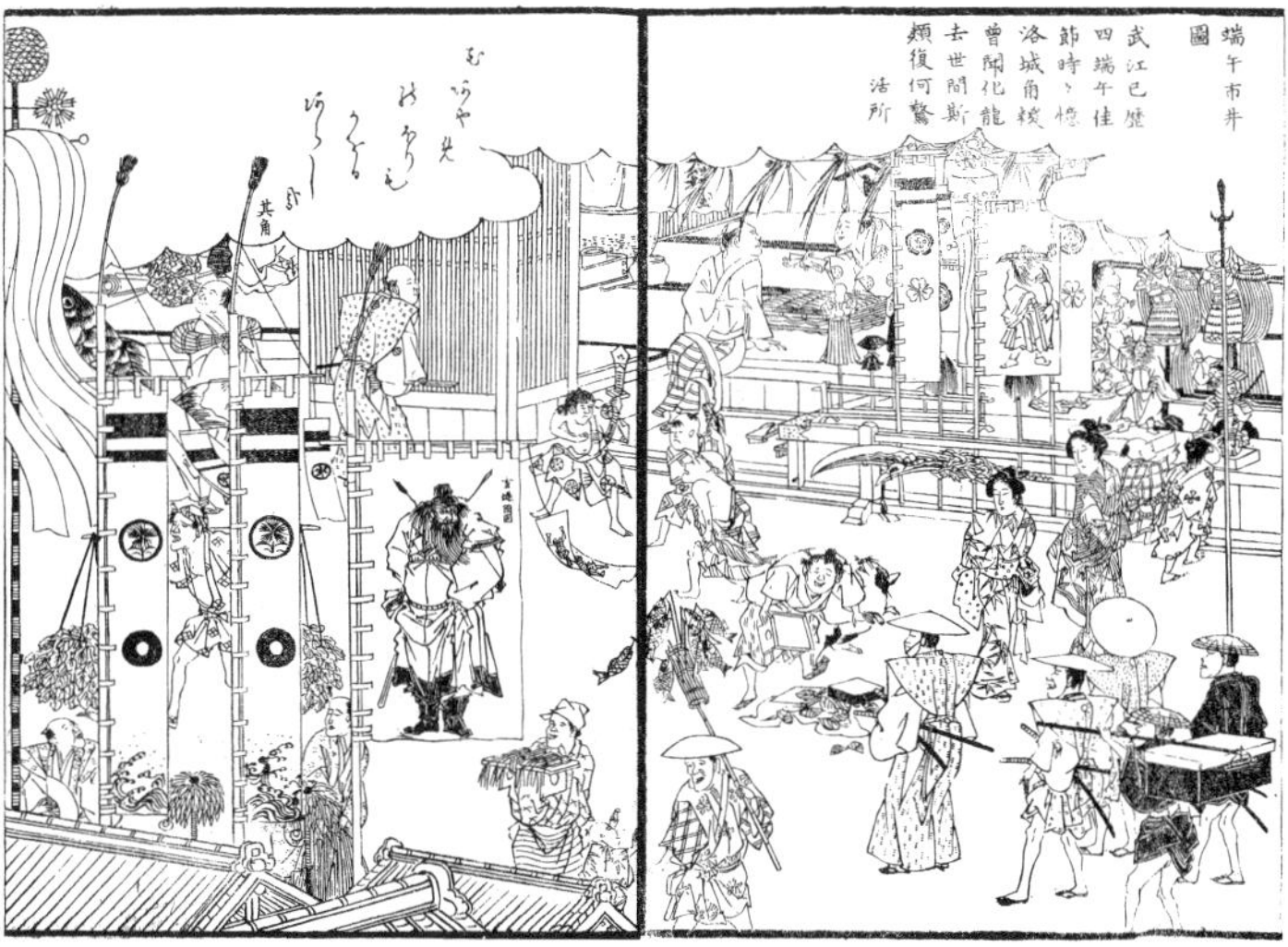

図10　端午の節供（『東都歳事記』）

出世の魚といへる諺により、男児を祝するの意なるべし。たゞし東都の風俗なりといへり」とある。つまり、男子のいる家では、屋外に幟や冑人形などを飾るのであるが、紙の鯉を竹の先に付けて幟とともに屋外に立てるのは最近のことで、特に江戸の風習であるという。『東都歳事記』の「端午市井図」には、鍾馗《しょうき》（中国伝説上の疫病神を払う神）を描いた幟、家紋の幟、冑、武者人形などが家の外に立てられているのがみえ、鯉も翻っている（図10）。

端午の節供は、元来は邪気・病気を追い払うための行事であったが、江戸時代末期に江戸では男子を鯉幟で祝う行事に変化してゆき、幟のなかで鯉幟だけが現代に生き残ったのであった。

6 七夕

七夕は、元来は「棚機《たなばた》」と書き、棚機つ女、すなわち織女のことであった。朝廷の七夕の行事は、中国の乞巧奠《きつこうでん》の行事を取り入れている。乞巧奠は、牽牛・織女の二星が天の川で年一回会うという中国の説話にちなんで、裁縫などの技芸が巧みになることなどを願った行事であった(40)。

朝廷の乞巧奠の行事では、庭に四つの机を立て、その上に琴、香炉、梨・桃・大角豆《ささげ》・大豆・熟瓜・茄子・薄鮑・干鯛、酒盃などを置き、机の四方に置かれた九本の灯台に火をともした（『江家次第』『雲図抄(41)』）。そして、管絃の演奏、詩歌の作文、和歌の披講などを催して、諸芸の上達を願ったのである。

民間では、七夕に梶の葉に和歌を書く風習が平安時代からあった。応徳三年（一〇八六）成立の勅撰和歌集『後拾遺和歌集』巻四秋上に七夕の梶の葉のことがみえる(42)。

　七月七日、梶の葉に書き付け侍りける　　上総乳母

天の川とわたる舟のかぢの葉に思ふことをも書き付くるかな

この上総乳母の和歌では舟の楫《かじ》と梶の葉を掛けている。「思ふことをも」とあるように、梶の葉には自分の思いを和歌などで書いた。

さらに中世の七夕では、この梶の葉を屋根の上に上げた。朝廷の地下《じげ》官人中原師守《もろもり》の日記『師守記』[43]貞治三年（一三六四）七月七日条には、次のようにある（原漢文）。

今朝穀《かじ》葉に朗詠・七夕詩歌を書き、屋上に上ぐ。例の如し。愚息大炊権助師豊同前。
（頭書）「今日乞□〔巧〕奠□之云々」

今日節供沙汰に及ばず。御粟園索餅許形の如くこれあり。予方大方より索餅あり。幸甚々々。

師守と息子師豊は、朗詠や詩歌を書いた梶の葉を屋根の上に上げている。梶の葉を高い所に上げるのは、思いを天に届けるためであろう。

またこの日には索餅《さくべい》を食べている。索餅は、小麦粉と米粉を練り合わせて縄の形にねじって油で揚げたものである。七夕に索餅を食べる風習は平安末期にはあり、夏の畠の収穫と関係があると考えられている。[44]

梶の葉については、大沢久守の『山科家礼記』文明一二年（一四八〇）七月七日条には、梶の葉に和歌七首を書いた後、索麵《そうめん》七筋と梶の枝の皮で巻いたことがみえる。さらに、室町幕府の『年中恒例記』（天文一三年〔一五四四〕以降成立）には次のようにある。

寅時の水にて、御硯を御会所同朋あらひ申て、御硯水にはいもの〔芋〕葉の露を、そのまゝ葉にて包て、御硯水入の上に置申也。又御硯のふたをあをのけて、梶葉七枚・梶皮・そふめん〔索麵〕等を入て、梶葉に歌をあそはされて後、梶皮・そふめんにて、竹に付て御やねへあけらるゝ也。

将軍は、芋の葉の露で墨をすり、梶の葉七枚に和歌を書いた後、梶の皮と索麵で竹に付けて屋根に上げている。朝廷の七夕でも、梶の葉七枚に和歌を書き、索餅を中に入れて巻いて梶の皮と索麵で結び、これを屋根の上に打ち上げるようになった。しかし、からすがその中味をねらって取っていったという（『後水尾院年中行事』）。

七夕の梶の葉は、江戸時代に民間では短冊に変わっていった。享保二〇年（一七三五）刊の『続江戸砂子温故名跡志』巻一に、江戸では短冊に和歌を書いて若竹の葉に結んで高く掲げたことがみえる。(45) さらに、天保九年（一八三八）刊の『東都歳事記』には、七月六日に「今朝未明より、毎家屋上に短冊竹を立る事繁く、市中には工を尽していろ〳〵の作り物をこしらへ、竹とゝもに高く出して、人の見ものとする事、近年のならはし也」とあり、最近では色々な作り物をこしらえて竹とともに掲げたという。

江戸末期の江戸の七夕では、色々な飾り物が加えられて派手なものなった。おそらく天の川の牽牛・織女も驚いたことであろう。

7　お　盆

お盆は、亡くなった親族の霊を供養する行事である。古代・中世では、七月一五日に寺院で盂蘭盆《うらぼん》会《え》が行なわれた(46)。『仏説盂蘭盆経』には、目連《もくれん》尊者が餓鬼道で倒懸の苦しみを受けている母を救うために、七月一五日の僧の自恣《じし》の時に僧侶に飯食を供えて供養するという話があり、盂蘭盆会と盆供は中国を経て日本に入った行事であった。しかし、七夕と同様に、盆行事と盆供は畠の収穫祭と関係があると考えられている(47)。

平安時代の朝廷では、七月一四日に内蔵寮が用意した盆供を天皇が拝し、これを前天皇の御願寺に送った（『西宮記』『江家次第』）。庶民も七月一五日に盆供を寺に届けた。一二世紀前半成立の『今昔物語集』巻二四の四九(48)「盆を立つる女、和歌を読む語《こと》」は、庶民のお盆の話である。

今昔《いまはむかし》、七月十五日ノ□盆ノ日、極《いみじ》ク貧カリケル女ノ、祖《おや》ノ為ニ食《じき》ヲ備フルニ不堪《たへず》シテ、一ツ着タリケル薄色ノ綾ノ衣《きぬ》ノ表《うへ》ヲ解《とき》テ、瓮《ひらか》ノ瓮《ほとき》ニ入レテ、蓮《はちす》ノ葉ヲ上ニ覆《おほひ》テ、愛□寺ニ持参《もてまゐり》テ、伏礼《ふしをがみ》テ泣テ去ニケリ。

其後、人怪《あやし》ムデ寄テ此レヲ見レバ、蓮ノ葉ニ此《か》ク書タリケリ。

タテマツルハチスノウヘノ露バカリコレヲアハレニミヨノホトケニ

ト。人々此レヲ見テ皆哀《あはれ》ガリケリ。

其人ト云事ハ不知《しら》デ止《やみ》ニケリトナム語リ伝ヘタルトヤ。

このひどく貧しい女性は、お盆に亡き親のための食を用意できず、自分が着ていたたった一枚の衣服の表地を解いて盆に載せ、寺に置き去っている。この話から、庶民もお盆には盆供を寺に届けたことがわかる。

盆供を寺に届ける盆行事は、鎌倉時代中頃に大きく変化した。藤原定家の日記『明月記』(49)建保元年（一二一三）七月一四日条には、定家が盆供を嵯峨の小堂に送ったことがみえる。これがやがて墓参りをする形に変わっていく。吉田経長《つねなが》の日記『吉続記』(50)文永八年（一二七一）七月一五日条では、経長は墓参りに行っている。(51)さらに、南北朝時代の地下官人中原師守の日記『師守記』によれば、師守は、貞治三年（一三六四）七月一四日に、家君の兄師茂とともに霊山寺の父・母・姉、兄の妻の墓に詣でている。その後、師守は亡き妻と乳母の骨がある薬王寺にも詣でた。一五日には、中原家でこれらの聖霊に霊供をお供えをし、蓮葉飯の行事を行ない、夕方に水向けした後、師守は薬王寺に施餓鬼《せがき》を聴聞しに行った。中原家では貞治五年以降には、お盆に祖父師古や先祖たちの供養も行なっている。お盆は、南北朝時代には家の先祖供養の日にもなった。

室町・戦国時代の諸日記によると、家や民間のお盆に関わる行事には次の①〜⑥がある。

①生御霊《いきみたま》
②墓参り
③自宅で供養（盂蘭盆会）
④蓮葉のお祝い
⑤燈籠を贈る

⑥風流踊り

①生御霊は生見玉などとも書き、父・母の生きている者が食物や酒を父・母に贈る風習で、実の子だけでなく猶子・烏帽子子《えぼしご》・弟子なども贈った。

光応寺より佳例生霊玉として、索麵一鉢・坊瓜一鉢・干鯛一折・指樽三荷来たる。南向生霊玉として百疋、慶寿院へ百疋持ち来らる。この弐結をもって冷麵を調えらるべきの由也。昼、先刻の麵これを食う。（後略）

（『天文日記』(52)天文一六年（一五四七）七月八日条。原漢文）

本願寺第一〇世の証如は、息子の光応寺から生御霊として索麵などを贈られ、また、光応寺の妻南向は、証如とその母慶寿院に生御霊として冷麵代の一〇〇疋（一貫文）ずつを持参している。生御霊は七月一四・一五日よりも前に行なわれ、室町幕府の『年中恒例記』では七月一一日としている。

②墓参りは、先祖の聖霊を墓に迎えに行く行事と考えられる。そして、③自宅で先祖の聖霊を供養した。公家の三条西実隆《さねたか》の場合について、日記『実隆公記』長享三年（一四八九）七月一三〜一六日条から一部を引用しよう（原漢文）。

七月一三日条

今日等持院（足利尊氏）・常徳院（足利義尚）殿御墓に詣づ。又嵯峨二尊院に向い、先公以下の廟前に焼香・念誦す。方丈において長老に面謁し、清談小時帰駕を促す。

一四日条

早朝志野坂墓所に詣づ。（中略）今日先妣月忌宝林院聖深大徳入り来たる例の如し。晩に及び水供の儀例の如し。

一五日条

荷葉の祝儀形の如し。滋野井・四辻前黄門・右頭羽林等座にあり。小生等・女衆等盃酌祝著せしめ了。夜に入り水供例の如し。今日盂蘭盆経以下読経・念仏分に随い微志に励み了。

一六日条

禁裏より召しあり。昨夜灯呂見奉らず祗候《しこう》すべきの由也。痢病の間不参の由申し入れ了。

実隆は、一三日に将軍足利尊氏・義尚の墓と、嵯峨の二尊院の三条西家の墓に詣でた。一四日は母の月忌（月命日）でもあり、志野坂の母の墓に詣でた。一五日には自宅で荷葉、すなわち蓮葉のお祝いをし、水供、盂蘭盆経等の読経や念仏を行なった（盂蘭盆会）。蓮葉のお祝い④は、蓮葉飯（もち米に蓮の葉をかけて蒸したもの）を供えて食べる行事である。

実隆は一六日に朝廷から、昨晩の燈籠見物に来なかったので伺候せよと言われたが、下痢を理由に行かなかった。この燈籠は、⑤燈籠を贈る行事で、室町時代から行なわれた盆の行事である。お盆の燈籠は、定家の『明月記』寛喜二年（一二三〇）七月一四日条に、民間の家では長竿の先に燈籠のような物を付けて火をともしたことがみえ、鎌倉時代には存在していた。

燈籠の贈進については、伏見宮貞成《さだふさ》親王の日記『看聞日記《かんもん》』によれば、貞成は永享三年（一四三一）

七月一四日に近臣たちが作った燈籠を初めて進上されており、また、『満済准后日記《まんさいじゅごうにっき》』(53)同二年七月一四日条に、醍醐寺三宝院の満済に燈籠が方々から「例に任せて」贈られたことがみえるので、少なくとも一四三〇年にはお盆に燈籠を贈る慣習が存在していた。朝廷では、後花園天皇が同四年に将軍足利義教《よしのり》からアヤツリ燈籠を贈られており（『看聞日記』）、やがて公卿たちも天皇に燈籠を進上するようになって、朝廷ではこれらの燈籠を人々に見せた後、くじ引きで公卿たちに下賜した(54)。

燈籠とはいっても、これらの燈籠は台の上に作り物を据えたもので、作り物の題材は、一の谷合戦のひよどり越えの場面、牛若丸と弁慶、鳥・石・草花など、さまざまであった。これらは軍記物・物語・詩歌から題材を取ったものが多く、なかにはアヤツリ人形など精巧な仕掛けをほどこしたものもあった(55)。朝廷の燈籠行事は幕末まで続いた。

現在、お盆に行なわれている京都府亀岡市の佐伯燈籠、熊本県山鹿《やまが》市の山鹿燈籠は、この台燈籠の面影を今に伝えるものである(56)。

⑥風流踊りは、盆踊りの原型で、室町時代に囃子《はやし》物と念仏踊りが融合してできた(57)。風流踊りでは、さまざまな趣向を凝らした飾りや衣装を身に付けた。元関白の九条政基《まさもと》が和泉国日根荘に滞在したときの日記『政基公旅引付』(58)によれば、日根荘入山田の槌丸・大木・船淵・菖蒲村の百姓たちが、七月一五日前後に風流念仏や風流囃子、能を披露し、政基らは都に劣らぬその風情・詞のすばらしさに驚いている（文亀元年〔一五〇二〕七月一一〜一六日条）。

次の延宝六年（一六七八）刊『山城四季物語』(59)の「五、十五日・十六日の夜松ヶ崎・長谷・岩蔵・花苑踊の事」には、念仏などに節を付けて踊ったことが書かれている。

松ヶさきは、本涌寺といふ堂の前にて、法花の題目にふしを付拍子に合、老若男女をし交り、孫や子供をかたに懸てもおどるなり。此寺は、日蓮の末弟日像の開基として、法花円純の学室なり。長谷・岩蔵・花苑にては、六字の念仏にふしを付、さまぐ〵の花をかざり、匠《たくみ》をつくしたる四角なる燈籠を載ておどる、いづれも肝にいりたるひとふし、きはめて品ある事、都にも恥ずおもしろし。此所にては氏神の前より踊初、其としみまかりたる亡者有家に行て、夜更までおどりありくなり。（後略）

法華宗の本涌寺では法華経の題目に節を付けて踊り、長谷・岩倉・花苑では念仏に節を付け、花を飾り燈籠を頭に載せて踊ったという。

庶民にとってお盆の風流踊りは、亡くなった人々の供養のためであり、また非日常的な晴れがましい芸能に身を投じる機会でもあった。

8　重陽の節供

九月九日は、陽数である九が月・日でならんでいるので「重陽《ちょうよう》」と呼ぶ。

平安時代には朝廷で菊花宴が催され、菊酒を飲んだ。また、菊の被綿《きせわた》が平安時代から朝廷・貴族社会などで行なわれた。菊の被綿は、八日の夜に菊花に真綿をかぶせ、その露にぬれた綿で九日に肌をぬぐうことで老いを棄て命を延ばすというもので、日本独自の行事である。菊花は万病を去って長寿にする薬であると考えられていた。

室町・戦国時代の朝廷・幕府では、菊の被綿と菊酒が行なわれた。室町幕府の『年中恒例記』には、重陽の行事について次のようにある（一部は原漢文）。

九月八日
今夕菊を御庭にうゑ申す也。三所者役也。今夜菊に五色のわたをきせらるゝ也。御蔵より参るを、中臈衆こしらへ申され候てかくの如き也。同くゝりたる菊、十二月用迄置き申され候也。

九日
御祝御酒に菊花入れ申す。今朝より御かゆ、やきくり九、こふ九きれ、百日参り候也。

幕府では菊花に五色の綿をきせている。

朝廷では、被綿の綿は内蔵寮が調進し、室町時代では内蔵頭の山科家が毎年八日に三色（紫・白・黄）の菊綿を進上した（『教言卿記』『言国卿記』『言継卿記』(60)）。

なお室町時代、山科言国の家では、九日の重陽の節供には赤飯を食べてお祝いをしている（『言国卿記』）。三条西実隆の家では、酒に菊花を浸した菊花の盃を賞翫した（『実隆公記』）。興福寺大乗院門跡経覚《きょうがく》の場合は、不老不死の仙薬である菊花丸を九丸服している（『経覚私要鈔』）。

9　七　五　三

七五三は、現在では一一月一五日に、男子は三歳・五歳、女子は三歳・七歳を祝い、神社にお参りする。このように一一月一五日に日にちが固定したのは、江戸時代後期であった。また、元来は男女の三歳の髪置《かみおき》・袴着《はかまぎ》、五歳の深曾木《ふかそぎ》、七歳（もとは九歳）の帯直《おびなおし》（帯解《おびとき》）を祝う行事であり、これらの別々に行なわれていた行事が江戸時代に特定の日の年中行事として成立したのである。

髪置は、鎌倉時代から文献にみえ、それまで剃っていた幼児の頭に初めて頭髪をたくわえる儀式で、頭に綿帽子をかぶせた。袴着と深曾木は平安時代から文献にみえる。袴着は男女の童児が初めて袴をはく儀式、深曾木は深削・深除とも書き、髪の端を切りそろえる儀式である。帯直（帯解）は室町時代から行なわれ、それまで着物につけていた付紐を取り、帯を使い始める儀式で、室町〜江戸時代初めでは九歳のときに行なっている。(61)

これら髪置・袴着・深曾木・帯直は、室町時代〜江戸時代初めでは一一〜一二月の吉日を選んで行なった。(62)室町時代の山科家の場合、長享二年（一四八八）に行なわれた山科言国の子供たちの髪置・袴着・深曾木・帯直の日にちは次の通りである（『山科家礼記』）。

一一月一〇日　阿茶丸（言綱）の髪置・袴着
一一月一一日　阿子の帯直
一二月一七日　茶子の深曾木

これらの別々の行事が一一月一五日に固定化したのは江戸時代後期であった。安永九年（一七八〇）成立の川野辺寛著『閭里《りより》歳時記』(63)は上野国高崎付近の行事について記したもので、一一月一五日のところに、

髪置・袴著・帯解・袖留・元服の類、多く今日を用ゆ、故に所々の神社参詣多し、熊野殊に賑《ニギハ》し。

とあり、成人式である女子の袖留、男子の元服も含めて、髪置などは一五日が多いとしている。

さらに、天保九年（一八三八）刊の『東都歳事記』では、一一月一五日に次のようにある。

嬰児宮参《ミヤマイリ》　髪置《カミオキ》三歳男女　袴着《ハカマキ》五歳男子　帯解《オヒトキ》七歳女子等の祝ひなり。

当月始の頃より下旬迄。但し、十五日を専らとす。尊卑により、分限に応して、各あらたに衣服をとゝのへ、産土神へ詣し、親戚の家々を廻り、その夜親類知己をむかへて宴を設く。（後略）

男子の三歳・五歳、女子の三歳・七歳の神社へのお参りが一五日に多く行なわれており、江戸時代末期に現在の七五三の形ができあがったといえる。

なお、髪置・袴着・深曾木・帯直と、成人式については、第二章で詳しく述べる。

10　節　分

節分は、季節の変わり目を意味し、立春・立夏・立秋・立冬の前日のことをいった。特に立春の前日は、旧暦では一二月末になることが多く、一年の変わり目として行事が行なわれ、立春の前日のみを節分と呼ぶようになった。朝廷では一二月晦日に、中国の大儺《たいな》の行事を取り入れた追儺《ついな》（おにやらい）の行事を行なった。追儺は、悪鬼を追い払って新年を迎えるために、大舎人《おおとねり》寮の人々が方相氏《ほうそうし》・振子《しんし》に扮して悪鬼を追い払う行事であったが（『内裏式』）、やがて方相氏が鬼とされて殿上人たちに追われる身になった（『江家次第』『公事根源』）。この追儺の行事が節分の豆まきに発展したと考えられる。

節分の豆まきは、室町時代から文献にみえる。『壒嚢鈔』巻一には、「節分ノ夜大豆ヲ打事ハ何ノ因縁ソ」として「慥《たしか》ナル本説ヲ不レ見」とある。さらに、相国寺の住持瑞渓周鳳《ずいけいしゅうほう》の日記『臥雲《がうん》日件録』(64)文安四年（一四四七）一二月二二日条に、

　明日立春、故に昏に及び、景富室毎に熬豆《いりまめ》を散らし、因って鬼外福内の四字を唱う、蓋《けだ》しこの方駆儺《くだ》の様也。

とあり（原漢文）、景富という男性が各部屋に煎り豆をまいて「鬼は外、福は内」と言っており、今の節分の形がすでにあった。

さらに、『宗長日記』(65)大永六年（一五二六）一二月には、節分の豆まきの風習として「京には役おとしとて、年の数銭をつゝみて、乞食の夜行におとしてとらする事をおもひやりて」とあり、戦国期の京都では年齢の数だけの銭を乞食に与える風習があった。八〇歳になる連歌師宗長は、八〇銭もの銭をどうして落せようかと歎いている。この乞食に銭を与える風習は貞享五年（一六八八）刊の『日本歳時記』にもみえるので、江戸時代前期にも存在した。しかし、安永九年（一七八〇）の『閭里歳時記』には、豆を歳の数だけ取って食べるとあり、江戸時代中頃に歳の数の豆を食べることに変化したのであった。

注

（1）柳田国男「節と節会」（『柳田国男全集　第一八巻』筑摩書房、一九九九年）。
（2）『壒嚢鈔』（覆刻日本古典全集、現代思潮社、一九七七年）。
（3）田中宣一『年中行事の研究』（桜楓社、一九九二年）第一章「節供と節句」。
（4）『新訂増補故実叢書』（明治図書出版）に『内裏式』『西宮記』『北山抄』『江家次第』『建武年中行事略解』『公事根源愚考』『嘉永年中行事』、『群書類従』公事部（続群書類従完成会）に『内裏式』『小野宮年中行事』『建武年中行事』、『続群書類従』公事部（続群書類従完成会）に『年中行事御障子文』『年中行事大概』、『新訂増補史籍集覧』第四冊（臨川書店、一九六七年）に『後水尾院年中行事』を収める。
（5）『群書類従』武家部に『殿中以下年中行事』（『鎌倉年中行事』）、『年中定例記』、『続群書類従』武家部に『慈照院殿年中行事』『年中恒例記』を収める。

（6）『柳営秘鑑』（内閣文庫所蔵史籍叢刊、汲古書院、一九八一年）。大野広城編『殿居嚢』は『江戸双書　巻之一』（名著刊行会、一九六四年）所収。
（7）『徳川礼典録』（徳川黎明会編、一九四二年、覆刻、原書房、一九八二年）。
（8）『日本歳時記』（大森志郎解説・注、生活の古典双書1、八坂書房、一九七二年）、斎藤月岑『東都歳事記』（朝倉治彦校注、東洋文庫、平凡社、一九七〇～一九七二年）。
（9）『民間風俗年中行事』（国書刊行会、一九七〇年）、『続日本随筆大成　別巻　民間風俗年中行事』上・下（吉川弘文館、一九八三年）。
（10）『日本庶民生活史料集成』全三〇巻（三一書房、一九六八～一九八二年）。
（11）『古事類苑　天部・歳時部』（神宮司庁蔵版、吉川弘文館）。
（12）柳田国男注（1）著「年中行事」。
（13）『折口信夫全集17』（中央公論社、一九九六年）。
（14）『宮本常一著作集　第九巻　民間暦』（未来社、一九七〇年）。
（15）『桜井徳太郎著作集　第九巻　民俗儀礼の研究』（吉川弘文館、一九八七年）。
（16）宮田登『宮田登　日本を語る5　暮らしと年中行事』（吉川弘文館、二〇〇六年）。
（17）田中宣一注（3）著。
（18）桜井秀『風俗史の研究』（宝文館、一九二九年）。
（19）『江馬務著作集　第八巻』（中央公論社、一九七七年）。
（20）和歌森太郎『年中行事』（日本歴史新書、至文堂、一九五七年）。
（21）遠藤元男・山中裕編『年中行事の歴史学』（弘文堂、一九八一年）。
（22）民俗学・歴史学の両方を兼ね備えた著書として、鳥越憲三郎『歳時記の系譜』（毎日新聞社、一九七七年）、平山敏治郎『歳時習俗考』（法政大学出版局、一九八四年）などがある。
(23) 山中裕『平安朝の年中行事』（塙選書、塙書房、一九七二年）。
(24) 二木謙一『中世武家儀礼の研究』（吉川弘文館、一九八五年）、同『武家儀礼格式の研究』（吉川弘文館、二〇〇三年）。
(25) 藤木久志『戦国の作法』（平凡社選書、平凡社、一九八七年）、同『戦国の村を行く』（朝日選書、朝日新聞社、一九九七年）「荘園の四季」。
(26) 木村茂光『中世の民衆生活史』（青木書店、二〇〇〇年）。
(27) 『史料纂集　言国卿記』（続群書類従完成会、一九六九〜一九九五年）。
(28) 『増補史料大成　宣胤卿記』（臨川書店、一九六五年）。
(29) 『史料纂集　山科家礼記』（続群書類従完成会、一九六七〜一九七三年）。
(30) 『新日本古典文学大系　枕草子』（岩波書店、一九九一年）では一二五段。
(31) 『史料纂集　経覚私要鈔』（続群書類従完成会、一九七一年〜）。
(32) 『実隆公記』（続群書類従完成会、一九七九年）。
(33) 『増補続史料大成　蔭凉軒日録』（臨川書店、一九七八年）。
(34) 『新訂増補国史大系　延喜式　後篇』（吉川弘文館、一九七七年）八九九頁。
(35) 山中裕注(23)著一五二頁。
(36) 東京大学史料編纂所編『大日本古記録　建内記』（岩波書店、一九六三〜一九八六年）。
(37) 『日本庶民生活史料集成　第二十三巻　年中行事』（三一書房、一九八一年）。
(38) 『荊楚歳時記』（宗懍著、守屋美都雄訳注、布目潮渢・中村裕一補訂、東洋文庫、平凡社、一九七八年）。
(39) 北村勝史編『江戸期の絵幟』（絵手紙、一九九九年）七頁では、町民の節句幟は元禄頃（一七世紀末）から飾られ始めたとしている。
(40) 注(38)一九〇頁。
(41) 『群書類従』第六輯、公事部。
(42) 『新日本古典文学大系　後拾遺和歌集』(岩波書店、一九九四年)八二頁。
(43) 『史料纂集　師守記』(続群書類従完成会、一九六八〜一九八二年)。
(44) 和歌森太郎注(20)著一四八頁、木村茂光注(26)著八二頁。
(45) 『民間時令』巻之三(『民間風俗年中行事』〈注(9)〉所収)で引用している。
(46) 古代・中世の盂蘭盆会については、山中裕注(23)著、田中久夫『祖先祭祀の研究』(弘文堂、一九七八年)、古瀬奈津子「盂蘭盆会について—摂関期・院政期を中心に—」(福田豊彦編『中世の社会と武力』吉川弘文館、一九九四年)などに詳しい。
(47) 和歌森太郎注(20)著一五八頁、木村茂光注(26)著八三頁。
(48) 『新日本古典文学大系　今昔物語集四』(岩波書店、一九九四年)。山中裕注(23)著二一九頁参照。
(49) 『明月記』(国書刊行会、一九一一〜一九一二年)。『明月記』にみえるお盆については、高谷重夫『盆行事の民俗学的研究』(岩田書院、一九九五年)十三「『明月記』の盆」がある。
(50) 『増補史料大成　吉記二・吉続記』(臨川書店、一九六五年)。
(51) 拙稿「中世の貴族社会における盆行事—拝盆・墓参・風流燈籠—」(大隅和雄編『文化史の構想』吉川弘文館、二〇〇三年、拙著『中世の武家と公家の「家」』所収、吉川弘文館、二〇〇七年)。
(52) 『石山本願寺日記』(清文堂出版、一九三〇年、復刻版一九六六年)。
(53) 『続群書類従　補遺一　満済准后日記』(続群書類従完成会)。
(54) 拙稿注(51)。

(55) 風流燈籠については、桑島禎夫「風流燈篭の考察」(『芸能史研究』四、一九六四年)、植木行宣『山・鉾・屋台の祭り―風流の開花』(白水社、二〇〇一年)、拙稿注(51)がある。
(56) 植木行宣注(55)著一五三頁、拙稿注(51)。
(57) 山路興造「盆行事と芸能―京都を中心に―」(『芸能』三一―八、一九八九年)、文化庁文化財保護部編『民俗資料選集　盆行事Ⅲ』(国土地理協会、一九九八年)第一章「京都府の盆行事」(山路興造執筆)。
(58) 宮内庁書陵部編『図書寮叢刊　政基公旅引付』(養徳社、一九六一年)、中世公家日記研究会編『政基公旅引付』(日本史史料叢刊、和泉書院、一九九六年)。
(59) 『民間風俗年中行事』(注(9))所収。
(60) 『史料纂集　教言卿記』(続群書類従完成会、一九七〇～一九七四年)、『言継卿記』(続群書類従完成会、一九六六・一九六七・一九九八年)。
(61) 拙稿「七五三の源流―中世後期の髪置・帯直・元服等―」(『日本歴史』六三〇、二〇〇〇年、拙著『中世の武家と公家の「家」』所収)。
(62) 同右。
(63) 『民間風俗年中行事』(注(9))所収。
(64) 東京大学史料編纂所編『大日本古記録　臥雲日件録跋尤』(岩波書店、一九六一年)。
(65) 『宗長日記』(島津忠夫校注、岩波文庫、岩波書店、一九七五年)。

第二章　人生の節目

1　人生儀礼の移り変わり

人は生まれてから死ぬまでの間、年齢の節目や人生の節目にさまざまな通過儀礼・人生儀礼を体験する。これらの人生儀礼は、古代から現代に至るまで、時代や身分階級、性差などにより異なっていた。(1)

平安時代の貴族社会では、子供が誕生してから成人するまでに、次のような人生儀礼があった。(2)

①誕生のとき

臍緒《ほぞのお》を切る

乳付《ちつけ》

湯殿始《ゆどのはじめ》

胞衣納《えなおさめ》

②乳児のとき

産養《うぶやしない》
着衣始《ちゃくいはじめ》
色直《いろなおし》
五十日祝《いかのいわい》
百日祝《ももかのいわい》
③幼児のとき
魚味始《まなはじめ》
袴着《はかまぎ》
④成人式
元服（男子）
裳着《もぎ》（女子）

子供が生まれると、臍《ほぞ》の緒を切り、乳母が乳を含ませて乳付《ちつけ》を行なった。産湯《うぶゆ》に入れる湯殿始《ゆどのはじめ》のときには、弓の弦を引き鳴らして邪気を払い（鳴弦《めいげん》）、男児の場合には明経・紀伝の博士が『孝経』などの漢籍を読み聞かせた（読書）。

出産の後産《あとざん》で出た胎盤は胞衣《えな》といい、洗って桶に入れ、しばらくしてから土中に埋めた（胞衣納《えなおさめ》）。胞衣はその子供の一生と関係があると考えられ、場所を選んで埋められた。

誕生した日から奇数の三・五・七・九日の夜には、産養《うぶやしない》といわれるお祝いの宴会を行なった。生まれた子供に初めて産衣を着せる着衣始《ちゃくいはじめ》は、産養の五夜・七夜などに行なった。七夜・九夜などを過ぎると、白色の衣服から色のある衣服に替えた（色直《いろなおし》）。

生後五〇日目には五十日祝《いかのいわい》を行ない、五十日餅を食べさせるが、餅は汁に混ぜて溶かして子供の口に含ませた。百日祝《ももかのいわい》は生後一〇〇日目のお祝いで、やはり餅を食べさせた。初めて魚などを食べさせる儀式が魚味始《まなはじめ》で、世俗では二〇カ月目に行なわれ、宮中でもこの二〇カ月目が取り入れられた。

袴着《はかまぎ》は着袴《ちゃっこ》ともいい、初めて袴をはく儀式で、男女ともに三歳〜七歳の頃に行なった。男子の成人式である元服は、頭に初めて冠や烏帽子《えぼし》をかぶり、大人の姿に変わる儀式である。裳着は、成人の女性が着る裳を、女子が初めて着ける儀式である。

鎌倉時代の公家・武家社会では、基本的にはこれらの人生儀礼が引き続き行なわれていたが、髪置《かみおき》・深曾木《ふかそぎ》などの新たな儀礼が加わり、さらに、室町時代には宮参《みやまいり》・帯直《おびなおし》などの儀礼が現れた。また、女子の成人式では、裳着がすたれてゆき、室町時代には新たに鬢曾木《びんそぎ》が登場した(3)。

このように、人生儀礼には時代とともに変化があった。中世には、平安時代の貴族社会にはなかった髪置・帯直などの儀礼が加わり、これらは七五三の源流となったのである。以下、室町・戦国時代の「家」ではどのような人生儀礼が行なわれていたのかを、具体的に公家の山科言国《ときくに》の家と、山科家に仕えていた青侍大沢氏や家人たちの場合について、山科言国の日記『言国卿記』[4]、大沢氏の日記『山科家礼記』[5]からみていこう。山科家は貴族階級の公家に属するが、室町・戦国時代の公家は、同時代の武家・庶民文化を生活に取り入れており、山科家とその青侍や家人の子供たちの人生儀礼はおおむね共通している。[6]

2　子供の誕生

子供が産まれるとき、中世では住居とは別の場所に産屋《うぶや》・産所を設けて出産をした。豊後国の守護大友氏が仁治三年（一二四二）正月一五日に発布した法令「新御成敗状」[7]の第二四条に「保々産屋事」とあり、大路に産屋を立てることを禁止している。これは市中の大路に産屋を立てる者が少なからずいたことを示している。

山科言国の家の場合、言国の長女阿子は、応仁の乱で言国一家が家領の山城国山科東荘に一時疎開していたときの文明一二年（一四八〇）三月一日に、山科東荘大宅里の政所《まんどころ》のそばの産所で生まれた。この産所は二月一三日から用意して作らせたものであった。同年五月二一日には、山科家の青侍大沢重致の長男竹寿丸（重敏）が、京都の近衛室町鷹司の間の西頬《つら》に設けられた産所で生まれた。翌年一〇月一一日には、重致の娘が室町のせとの小屋を産所として生まれている（『山科家礼記』）。

このように、産所が住居とは別の場所に設けられたことは、出産による穢《けが》れを自宅に残さないためであった。

生後しばらくしてから行なわれる行事に、宮参《みやまいり》と色直《いろなおし》があった。

山科言国の長男猿菊丸（定言《さだとき》）は、文明八年に疎開先の坂本（比叡山の麓）で生まれ、翌年三月五日に宮参と色直を行ない、猿菊丸は比叡山の日吉（山王）大社に参初《まいりぞめ》をした。

色直は、白色の衣服から色のある衣服に替える儀式である。猿菊丸の場合は、織筋（横筋を太く織り出した絹織物）の小袖を用いている（『山科家礼記』）。色直は、室町幕府の政所代蜷川親俊《にながわちかとし》の『親俊日記』(8)天文七年（一五三八）二月四日条によれば、生まれてから一〇一日目に行なった。大沢重致の長男竹寿丸の色直も、一〇一日目にあたる九月四日に行なっている（『山科家礼記』）。猿菊丸の誕生日については日記が欠落して不明であるが、色直が一〇一日目であるならば、彼が生まれたのは文明八年一二月二三日ということになる。

宮参は参初・産土参《うぶすなまいり》ともいい、生まれた土地の産土神《うぶすながみ》に参詣することである。宮参については、近世初期の『後水尾院年中行事』(9)に「御誕生日より百廿日満るのとき〈当日延引の例あり〉宮参りあり」とあり、一二〇日目としているが、延引されることもあるという。しかし、戦国期の小笠原長時著とされる『宮参之次第』(10)には、男子は三一日目、女子は三二日目とある。

3　七五三の源流

現代の七五三のもとになった行事は、髪置《かみおき》・袴着《はかまぎ》・深曾木《ふかそぎ》・帯直《おびなおし》（帯解《おびとき》）の儀式である。室町・戦国時代では、これらの儀式は一一・一二月の吉日を選んで別々に行なわれた。一一月に行なわれることが多かったが、日にちが一一月一五日に固定したのは江戸時代後期である（第二部第一章9）。

髪置は、生後髪を剃っていた子供が初めて頭髪をたくわえる儀式である。室町時代の武家故実書『諸大名出仕記』(11)には「髪立の事」（髪置のこと）として、「先《まず》髪をたれ、米の粉をつふかにぬり、さてわたほうしを長くさせて、其綿帽子に、山たち花・同熨斗蚫を加えて結そへ、中程を入、もとゆひにてむすひ候也。同眉を作り申候。男女ともに此分にて候」とあり、頭に米の粉を塗り、綿帽子に山《やま》橘《たちばな》・熨斗《のし》蚫《あわび》を結び添えて頭に付け、眉を描いている。

山科言国の家では、長男の猿菊丸（定言）の髪置は、文明一〇年（一四七八）一一月一九日に袴着とともに行なわれた。青侍大沢重致の子「こん六」（権六であろう）は、明応元年（一四九二）九月二六日に生まれて同三年一二月一二日に髪置を行なった（『言国卿記』）。猿菊丸も「こん六」も数え年で三歳のときである。また、大沢家の家人竹阿弥の娘も、延徳元年（一四八九）一二月一九日に髪置を行なっている（『山科家礼記』）。

図11　付紐の小袖を着た子供（『春日権現験記絵』）

深曾木は、髪曾木・髪削ともいい、髪置以後長く伸ばした髪を切る儀式である。『後水尾院年中行事』によれば、碁盤の上に立って吉方に向かい、糺《ただす》の宮（下鴨の賀茂御祖《みおや》神社）の石二つを碁盤の上に置いて両足で踏み、碁盤の上で髪が削がれた後、吉方に向かって碁盤から降りた。

深曾木は、大沢重致の娘が五歳のときの明応二年一一月二五日に行なっている（『言国卿記』）。

帯直は帯解ともいい、それまで子供の衣服に付いていた付紐（図11）を取り、帯を初めて使う儀式である。『諸大名出仕記』には九歳で行なうとある。

山科言国家では、長女阿子が九歳のときの明応元年一一月三日に帯直を（『山科家礼記』）、次男阿茶丸（言綱《ときつな》）が九歳のときの同三年正月三日に帯直を行なっている。また、山科家の家人筑後の娘チヨも文亀元年（一五〇一）六月二五日に帯直を行なった（『言国卿記』）。

このように、室町・戦国時代では、三歳のときに髪置・袴着、五歳のときに深曾木、九歳のときに帯直を行ない、子供の成長とともに、年齢の節目で頭髪や衣服を変えていったのである。そして、これらの儀式は貴族から庶民まで共通して行われた通過儀礼であった。

4　お歯黒

お歯黒は、歯黒み・歯黒めともいい、古代では女性に限られていたが、中世では公家・武家の男性も歯を黒く染めた。

『平家物語』巻九の[12]「忠度《ただのり》最期」には、平忠度が敵に囲まれた時に鉄漿黒《かねぐろ》（歯黒）であったため平家の公達と見破られて討ち取られたことがみえる。また、『北条五代記』[13]の「関東昔侍形義異様なる事」には、「侍たる人は、老若共に歯黒をし給ひぬ。（中略）昔関東敵味方合戦し、首じつけんの時、はぐろの首をば、侍の首とて、先《まず》上へ懸たり。故に戦場へ出《いず》るには、討死を心がけ、楊枝《ようじ》をつかひ、はぐろをもつぱらとせり」とあり、戦国時代の関東の侍はお歯黒をしており、男たちは自分の首を侍の首にみせるために歯黒をして戦場に出たという。また、京都西陣の御陵織手《ごりょうのおりて》は、朝廷の内蔵《くら》寮に属して天皇の御服を織ったが、彼らが寛正五年（一四六四）に作成した申状のなかに、「我らはを（歯）くろ（黒）め、なにかし（某）と申も、公方をおもん（重）するゆへ也」とあり、[14]お歯黒をすることを誇りに思っている。お歯黒は上流階級の人間であることを示す身分表示であった。

お歯黒は鉄漿付《かねつけ》ともいい、鉄漿・五倍子《ふし》などを歯に付ける。鉄漿は、酢や酒などを加えた水に鉄片を入れ酸化させて作った、水酸化鉄を主成分とする液体である。五倍子は、ヌルデの木にヌルデノミミフシ（アブラムシの一種）が寄生することによって生じる虫こぶで、タンニンを主成分としており、これを粉末にして使う。鉄漿付は、まず歯にかね下（酸性液）を塗る。そのあと、房楊枝や筆などに鉄漿と五倍子粉をつけて歯に塗り、これを数回繰り返す。鉄漿と五倍子粉を合わせると、化学変化を起こして黒くなる。[15]

山科言国の家では、次男の阿茶丸（言綱）が一三歳の時の明応七年（一四九八）六月二〇日に歯黒みを行なった。阿茶丸の歯黒みでは、母のおばである中内侍局（東坊城松子）が勝仁親王の筆を用いて歯黒を付けた。阿茶丸は翌日後土御門天皇から帷《かたびら》を贈られ、その帷を着て父言国とともに天皇の御前に伺候しており（『言国卿記』）、阿茶丸にとっては初めての公的な宮仕えであった。

歯黒みを行なう年齢については、『諸大名出仕記』には「歯くろみの事、年は不定候、先十二・十三計の比にて候」とあり、十二、三歳の頃に行なわれるという。『後水尾院年中行事』では、天皇家は一三歳の時としている。

5　男子の元服

元服は男子の成人式であり、元は頭・首を意味し、初めて頭に冠や烏帽子《えぼし》をかぶる儀式である。公家の場合は冠をかぶって衣冠《いかん》を着し、武家の場合は立烏帽子《たてえぼし》をかぶって狩衣《かりぎぬ》などを着した。男子は元服によって大人の服装と名前に変わった。

山科家の青侍大沢重致の長男竹寿丸（重敏）が九歳のときに行なった元服の様子が、『山科家礼記』長享二年（一四八八）正月一日条に記されているので、次に引用しよう。元服は、陰陽道の土御門有宣《つちみかどありのぶ》（安倍晴明の子孫）が選んだ吉日吉時（午の刻・正午）に、山科言国邸の座敷で行なわれた。

今日竹寿丸元服九歳、吉日吉時、土御門《（有宣）》三位注進候也、
吉時午、吉方辰巳、本所《（山科言国）》御座敷南向四間、先葛蓋ニ本所御立エホシ《（烏帽子）》、ユスリツキ《（泔坏）》、ハライ《（払）》ノ中ニ
引合一重、クシ二マイ、トキクシ・ヒンクシ、ナシチ《（梨子地）》ニ文、カメノコウカウカイ《（笄）》、コモトユイ《（小元結）》、
三尺五寸、タカウナカタナ《（笄刀）》、各ハライニ入テヲク、マツヲク、次本所御出、次竹寿丸出候、次
久守《（大沢）》出テフタヲヒキヨセ、ハライヲトリイタシヒロク、次ユスリツキヒキヨセ、カミヲヌキアケ、
ヒンクシ・トキクシニテナツルヨシ、次ニコモトユイニテユイアケテ、カミサキカミヨリ《（紙縒）》ニテ左
右カタワナ《（片羂）》ニユテ、次カミサキ上へヲリカヘシ、タカウナ刀ニテハヤス《（生）》也、其カミサキ引合ニテ
ツ、ミ、ハライノ下へヲシカクス、次ニヒンクシニテヲシナテ、各ハライニ入テツ、ミ、フタ《ヒンクシ・カウカイハ》
ニ入《入ス、》テノチ、本所御エホシトリウチカケ、クシ・カウカイヲアテラル、又シノ《（篠）》リヤウノ手ニテ
カ、へ、二拝、タイ出也、次色々テツス《（撤）》、次本所御立候也、本所御ヒタ、レ《（直垂）》、竹寿丸同、久守上
下也、各カリキヌ《（狩衣）》・スイカン《（水干）》シカルヘシ、今度ハ毎事リヤクキ《（略儀）》也、ヲリエホシキ、サヤマキ《（鞘巻）》サシ、
御太刀金進上候、次ニ予、次彦□太刀、次御方《（山科定言）》へ彦二郎進上、三献在之、明日各へ□酒
アルヘシ、カクワン《（加冠）》本所、リハツ《（理髪）》久守分也、

烏帽子を頭に載せる加冠の役は、主人である山科言国が務め、髪を結う理髪の役は、竹寿丸の祖父大沢久守が務めた。久守は、竹寿丸の髪を抜いて小元結に結い上げ、髪先を笄刀《たこうながたな》で切った後、言国が立烏帽子を竹寿丸の頭に載せ懸けて、櫛と笄《こうがい》で髪を整えた。立烏帽子の場合は狩衣や水干を着する

のが普通であったが、ここでは略儀として直垂を着ている。竹寿丸の名は彦二郎に変わった。

庶民の男子も元服をした。大沢家の家人千松は、明応三年（一四九四）一一月三日に元服し、大沢重致が彦三郎という名を付けている（『言国卿記』）。

百姓の子供も元服した。大沢氏の日記『山科家礼記』には、山科東荘大宅里の百姓の子供たちが、大沢氏を烏帽子親として元服した記事がいくつもみられる。長享二年一一月二四日には、大宅里の百姓三郎兵衛の子が、大沢家で元服をするために上京し、大沢重致を烏帽子親とした。烏帽子親は、元服のときに加冠の役を務め、その子の仮親となる人物である。同月二八日には、大宅里の泉蔵坊の子（九歳）が、重致を烏帽子親として元服した。

大沢氏は、鎌倉時代には山科東荘に住した在地武士であった。山科東荘が山科家領になり、大沢氏が山科家の家司として京都に居住するようになった後も、大沢氏と山科東荘の百姓たちとの間の主従関係は続いており(16)、元服はその主従関係を確認する場でもあった。

公家・武家の元服のときには、朝廷から官位・官職を与えられることが多かった。摂関家の嫡子の場合は、元服と同時に正五位下に叙爵するのが慣例で、それ以外の公家の場合は従五位上などに叙爵した(17)。

元服の年齢は、主に五歳から二〇代初めの間で、人によって異なる。中世後期の公家の場合、平均すると約一二歳であるが、九・一一・一三・一五歳の奇数の歳が好まれる傾向にあった(18)。

6　女子の成人式

女子の成人式として、平安時代の貴族社会では裳着《もぎ》があったが、中世に裳着は消滅した。代わって室町時代以降は、公家・武家で鬢曾木《びんそぎ》が行なわれるようになった。鬢曾木は鬢の髪を削ぐ儀式で、一六歳の六月一六日に行なわれた[19]（『諸大名出仕記』）。

山科言国の次女茶子の鬢曾木は、文亀元年（一五〇一）六月一七日に行なわれた（『言国卿記』）。この日は、言国の妻（高倉永継の娘）の母が高倉家から来た。また、宮中の女官の民部卿典侍《すけ》（四辻春子）と新内侍局（言国の妻の妹高倉継子）、彼女ら女官に仕える女房の宮内卿・右京大夫も来た。

鬢曾木は、『大上臈御名之事』[20]によれば、碁盤の上にいる女子の鬢を夫が削ぎ始めるものであった。言国は、儀式が始まる前に恵命院（妻のおじ）と碁を打っている。

儀式は言国の妻の方で行なわれ、まだ未婚の茶子の鬢は、茶子の母方の祖母が削いだ。鬢の削ぎ方について『大上臈御名之事』には、「びん（鬢）のかみ（髪）をわく（分）る。ひたひ（額）のすみのとをりから、み（耳）ゝのとをりたるべし。かみのうすき人は耳をこ（越）してもわくるなり。あぎ（顋）のしたをまはして一方のひたひのすみからわきめ（分目）をこして、わけたるかたのひたゐのすみにくらぶべし。但かみすく（少）なくは、わきめにくらべべし」とあり、鬢の髪は額のすみから耳までで、この髪をあごの下に回してもう片方の額のすみ・頭の中央の分け目を越して、分けた方の額のすみまで持って来て、長さを比べて削ぐという。女子はこの鬢曾木によって大人の姿に変わり、大人社会への仲間入りをしたのであった。

7　結婚式

山科言国の子言綱（阿茶丸）の結婚については、『言国卿記』が文亀二年（一五〇二）で終わっているため、詳しいことはわからない。そこでまず、武家の故実家である伊勢貞陸《さだみち》の著した『よめむかへの事』(21)から、室町・戦国時代の結婚の儀式についてみていこう。

婚礼は三日間行なわれた。まず一日目は、花嫁が輿に乗って花婿の家に到着すると、輿は二の間、三の間で花嫁を降ろし、待ち女房が現れて花嫁を祝言の座敷に案内する。すると花婿が現れ、式三献の膳と饗の膳が出される。

式三献は大・中・小の盃で三度ずつ酒をいただく儀式のことで、現在の三三九度にあたる。式三献の膳は次の三膳である。

一膳　引渡し―海月《くらげ》・梅干・三盃
二膳　塩・はじかみ（生姜）・打身（鯛のさしみ）
三膳　鯛の腸《わた》煎

図12　鼠の権頭《ごんのかみ》と姫君の結婚式．姫君の横に待ち女房がいる．手前にいるのは女房・家来．（『鼠草子』）

このうち、一の引渡しの膳に三三九度の盃をともなった。

次に出される饗の膳は、魚鳥類中心の本膳料理で、三膳と汁かけ飯などがあった。三膳の内容は次の通りである。(22)

本膳　塩引（塩漬けの魚）・削鱧《そぎはむ》・蛸・焼鳥・香物《こうのもの》・えり切（するめを削ったもの）・鯛の厚作《あつづくり》（分厚く切った刺身）・鴫壷《しぎつぼ》（茄子をくりぬき鴫を入れて酒で煮たもの）・帯の饗《きょう》（飯に帯を巻いたもの）

二膳　巻鯣《まきするめ》・海鼠腸《このわた》・削昆布《けずりこぶ》・蒲鉾《かまぼこ》・辛螺《にし》燕《つばめ》口をさす（辛螺の壷入のことか）

三膳　小串さし（魚の串焼き）・醬煎《ひしおいり》（摩醬《すりひしお》にした魚鳥をたれ味噌で煮て山芋を入れたもの）・差海月《さしくらげ》上にすり花鰹《はながつお》・腸煎《わたいり》・海老の船盛

これら本膳料理は、現在ではほとんど作られていない。

花婿・花嫁は一・二日目に白い装束を着、三日目に色のついた装束に着替える。花嫁のお供の女房衆も同様にした。

三日目にお祝いが行なわれ、花婿の家から花嫁の家に酒樽が贈られ、二人の両親と家族が挨拶を交わす。花嫁道具である御厨子《みずし》黒棚の飾りも、三日目に花婿の家に入れられた。

このように、花婿・花嫁は一・二日目を二人で過ごした後、三日目に初めて両家で挨拶をし、二人の結婚を承認する形になっている。

ここで同時代の公家の結婚式について具体例を挙げよう。三条西実隆の子公条《きんえだ》は、永正七年（一五一〇）二月一三日に二四歳で甘露寺元長《かんろじもとなが》の娘と結婚した。実隆の日記『実隆公記』(23)同日条には二人の結婚式について記されており、その内容は『よめむかへの事』とほぼ同じである。

そもそも今夜元長卿（甘露寺）息女〈十八歳か〉相公羽林（三条西公条）室としてこれを迎う。その間の儀毎事省略なり。子の下刻程入り来たる。輿舁供の者等の事、悉く皆父卿の沙汰なり。この方よりこれを申付けず。一献方の事、大隅に申付く。形のごときの儀なり。先ず式三献、次に饗三本立を居く。本盤八種、二盤七種、別に御料これあり、三盤五種、汁あり、汁懸けの飯あり、以上常の如し。相公の前に重種（中沢）朝臣妻これに居る。女房の前にかの方の官女これに居る。その儀了りて後、予ならびに東向・姫御料人等出座、三献祝著、その後両人夕膳を羞《すす》むと云々。相公すなわちかの方に宿し、予相公方に宿す、帳台の内なり。（原漢文）

婚礼の儀式は三条西家で行なわれた。子の下刻（午前一時前頃）、花嫁は甘露寺家で用意した輿に乗って三条西家に到着した。儀式はまず式三献が行なわれた。その後二人に饗の膳が三本立で出され、本盤には八種、二盤には七種、三盤には五種の料理があり、汁と汁かけの飯があった。花婿の前には三条西家の家司中沢重種の妻、花嫁の前には甘露寺家の官女（侍女のこと）が座り、これらの儀式を執り行なった。儀式が終わると、父実隆・母東向・妹等が座に出て、三献で祝いがあった。その後の夕食の膳は、花婿・花嫁の二人で食した。その夜、公条は花嫁方に宿し、実隆は公条方に宿した。

婚礼は三日間続いた。『実隆公記』同月一五日条によれば、三日目の早朝、三条西家から甘露寺家に柳酒二荷と三種が遣わされ、三日間の婚礼の儀について祝詞を表し、夜には三献でお祝いがあった。

これらの婚礼の儀式では、一日目にまず二人が結婚の儀式を行なって結び付きを固め、そのときには親・兄弟は参列していない。また、第一部第二章4で述べたように、結婚式（近代以前）では神仏への誓約という行為はなかった。そして、両家の間でお祝いと挨拶が交わされたのは三日目であった。これらの婚礼の儀式では、「家」よりも個人の結び付きがまず重視されている。そして、そこには神仏も介在しておらず、婚姻届の提出もなく、現代よりも拘束力が緩やかな結婚であったといえよう。

8　葬　送

どの人間も死は避けられないものである。山科家の日記にも、周囲の人々の死に関する記事がいくつかある。

山科家の下女堀川は、長享三年（一四八九）七月一六日、死ぬ直前に山科東荘大宅に輿で運び出され、二〇日に同地で死去した（『山科家礼記』）。

『山科家礼記』の大部分の筆者である青侍大沢久守は、明応七年（一四九八）一一月一日に六九歳で没した。久守は以前から病気であったが、容態が悪化して八ツ時（午前二時）頃に少輔（山科家家司の高階頼久か）の所へ移され、明け方に亡くなった。久守の遺骸は翌日に山科東荘の大沢庵に運ばれ、三日の明け方に葬送が行なわれた（『言国卿記』）。

堀川も大沢久守も、死ぬ直前に別の場所に移されている。これは死者の穢れを忌むためであったと考えられる。

死は突然やって来ることがある。『言国卿記』によれば、山科言国の長男定言は、明応三年七月二八日の深夜に山科家に押し入った強盗に刺され、その傷がもとで三〇日に没した。一九歳であった。定言の遺骸は山科家の向いの本撰寺に運ばれた。

八月二日、大沢久守の家人竹阿弥の所で口寄せがあり、定言の霊が呼び出された。定言の母東向や御乳人《おちのひと》ヤヤがこれを聞きに行っている。口寄せは巫女が行なうもので、死者・行方不明者などの霊を呼び出した。現代でも、東北の恐山にはイタコと呼ばれる巫女がおり、口寄せを行なっている(24)。

定言の葬送は八月三日に行なわれた。明け方の七ツ時(午前四時)から葬儀が始まり、善長寺長老、本撰寺等の僧衆二〇人、山科東荘の僧・比丘尼《びくに》たち、建仁寺祥雲院の僧衆約一〇人が声をそろえて経を読んだ。葬送の供の者には、山科家の家司大沢久守・重致・重敏・重茂、高階頼久、千代丸がおり、雑色《ぞうしき》の彦衛門・彦・千松が棺の輿を担いだ。近隣の町人たちも参列し、母の実家高倉家からも人を出し、御乳人は輿に乗って供をした。定言は千本にある寺に土葬され、葬送には約二〇〇人が参列したという。定言が、言国の先代顕言の墓のある建仁寺祥雲院ではなくて、千本の某寺に葬られたのは、異常な死に方をしたためという考え方がある(25)。

その晩、言国の希望により、本撰寺ではなく山科家で中陰《ちゆういん》が営まれ、焼香が行なわれた。山科家では、本撰寺の本尊である阿弥陀絵像を懸け、位牌を立てた。定言の院号・法名は林照院智源である。本撰寺の僧智栄坊と等善坊が籠僧《ろうそう》を務めて山科家に宿し、夜には陀羅尼会を行なった後、念仏があった。四日には公家たちが弔問に山科家を訪れた。

その後の法事は、八月六日に山科家で初七日を行ない、一四日の法事を八日に、というふうに早めに法事を繰り上げて行ない、四二日の法事を一五日に行なった。八月一六日には、籠僧が流灌頂《ながれかんじよう》を行なった。流灌頂は、灌頂の幡や塔婆《とうば》を川や海に流して供養することで、やはり異常な死に方をした者を供養するときの鎮魂法であるという。

一七日には、四九日の法事として、大工に墓所の垣と四九院の卒塔婆《そとば》を作らせ、本撰寺の智栄坊・等善坊に卒塔婆の梵字《ぼんじ》を書かせた。そして晩に施餓鬼《せがき》が行なわれた。翌一八日には、施餓鬼の僧衆たちなどによる読経があり、その後、この垣と卒塔婆を定言の墓所に持って行かせた。本来の四九日である九月一八日には、本撰寺の等善坊と書記・比丘尼等を山科家に呼び法事を行なっている。

百ヵ日の法事は一一月一〇日に行なわれた。言国はこの日のために法華経一部、阿弥陀経一巻を書写していた。朝の斎《とき》が終わると、本撰寺の僧がこれらの経を持って定言の墓所に参り、御乳人・家司たちもこれに同行した。

定言を供養する仏事は、毎月の月忌《がっき》（月命日）である三〇日に、三〇日がない月は二九日に、山科家に本撰寺の僧を呼んで行なった。月忌の法事は、当時はどの家でも必ず行なっている。亡くなった家族の供養は大切な行事であった。

注

（1）　人生儀礼の通史に関しては、江馬務『江馬務著作集　第七巻』（中央公論社、一九七六年）Ⅱ「お産から元服へ」・Ⅲ「結婚の歴史」・Ⅳ「老と死」がある。また、人生儀礼の基本的な史料は『古事類苑　礼式部』一・二（神宮司庁蔵版、吉川弘文館）に収載されている。

（2）平安時代の貴族社会の人生儀礼については、江馬務注（1）著、服藤早苗『平安朝の母と子』（中公新書、中央公論社、一九九一年）、同『家成立史の研究―祖先祭祀・女・子ども』（校倉書房、一九九一年）、同『平安朝女性のライフサイクル』（歴史文化ライブラリー、吉川弘文館、一九九八年）、服藤早苗・小嶋菜温子編『生育儀礼の歴史と文化―子どもとジェンダー―』（森話社、二〇〇三年）などがある。

（3）二木謙一『中世武家の作法』（日本歴史叢書新装版、吉川弘文館、一九九九年）では、将軍足利家を中心に、誕生祝・成育祝（髪置・深曾木・着袴・帯直・矢開）・成人祝（元服・鬢曾木）・婚礼について故実書から論考している。また、古代～近世の男・女の成人式については、尾形裕康「成年礼の史的考察―表示様式を中心とせる―」（『日本学士院紀要』八―三、一九五〇年）がある。

（4）『史料纂集　言国卿記』（続群書類従完成会、一九六九～一九九五年）。

（5）『史料纂集　山科家礼記』（続群書類従完成会、一九六七～一九七三年）。

（6）山科言国の子供の人生儀礼については、拙著『中世の武家と公家の「家」』（吉川弘文館、二〇〇七年）第四部「「家」の行事と儀式」で論述。

（7）竹内理三編『鎌倉遺文』八（東京堂出版、一九七五年）五九七九号。

（8）『増補続史料大成　親孝日記・親俊日記二』（臨川書店、一九六七年）。

（9）『新訂増補史籍集覧』第四冊（臨川書店、一九六七年）。

（10）『続群書類従』第二四輯下、武家部（続群書類従完成会）。

（11）同右。

（12）『新日本古典文学大系　平家物語　下』（岩波書店、一九九三年）巻九「忠教〔度〕最期」。

（13）『第二期戦国史料叢書1　北条史料集』（萩原龍夫校注、人物往来社、一九六六年）。

（14）国立歴史民俗博物館所蔵『田中穣氏旧蔵典籍古文書』九六「内蔵寮関係文書」寛正五年一二月八日御陵織手等

申状。拙著『中世公家の経済と文化』（吉川弘文館、一九九八年）三〇五頁に翻刻。
(15)　原三正『「お歯黒」の研究（普及版）』（人間の科学社、一九九四年）。
(16)　拙著注(6)第三部第三章「山科家の家司大沢久守と山城国山科東荘―在地武士としての考察―」。
(17)　服藤早苗『家成立史の研究―祖先祭祀・女・子ども』〔注(2)〕三一四頁、拙稿「男子の成長と儀礼」（服藤早苗・小嶋菜温子編『生育儀礼の歴史と文化』〔注(2)〕所収、拙著注(6)第四部第四章）。
(18)　拙稿注(17)論文。
(19)　鬢曾木については、尾形裕康注(3)論文で近世の皇族の例を表で示している。また、二木謙一注(3)著二三五～二三七頁に故実書に基づいた説明がある。
(20)　『群書類従』第二三輯、武家部（続群書類従完成会）。
(21)　同右。
(22)　中世～近世の饗膳の料理については、料理書の『武家調味故実』『庖丁聞書』（『群書類従』第一九輯、飲食部）、『式三献七五三膳部記』（『続群書類従』第一九輯下、飲食部）、『料理切形秘伝抄』（『翻刻江戸時代料理本集成第一巻』臨川書店、一九七八年）、宮腰松子「吉良流祝膳の献立」（その1・2）（『神戸女学院大学論集』四五・四七、一九六九年）、高正晴子・江後迪子「古典料理について―島津家の婚礼規式と饗膳―」（『日本家政学会誌』四一―二、一九九九年）を参照。
(23)　『実隆公記』巻五上（続群書類従完成会、一九八〇年）。
(24)　芳賀登『葬儀の歴史』（雄山閣出版、一九八七年）一一一～一一六頁。
(25)　瀬田勝哉「一青年貴族の異常死」（同『洛中洛外の群像　失われた中世京都へ』平凡社、一九九四年）。

あとがき

人間が生きていくために基本的に必要なことは、食べること、着ること、睡眠・休息を取ること、健康を保つことであろう。栄養のバランスがとれた食事をし、季節に合った衣服を着て、充分な睡眠と休息を取って心身の疲れを消し去り、ストレスをためずに毎日を過ごすことが、健康的な生活を送る上で必要なことがらである。これら日常生活のなかで支えとなる家族の存在・役割も重要である。さらに、人として社会のなかで生きていくためには知識や教育が必要となる。人としての生活はさまざまな文化を生み出していく。

これら人としての基本的な生活は、歴史学のなかでも研究対象として重要と考え、最近の約一〇年間の研究では家族・生活文化に視点を置いてきた。本書は、そうした意趣で和光大学・川村学園女子大学・学習院女子大学・成蹊大学で講義をした内容をもとに、新たに執筆したものである。日本の生活文化史についてまとめられた、授業のテキストとなるよい本が見つからず、自ら作ることを思い立ったのが執筆の動機である。

本書第一部ではイエズス会士たちが日本で体験したカルチャーショックについて記したが、私の異文化体験は大学一年のときで、日本史に進む契機になった。

母菅原珠子（学習院女子大学名誉教授）の専門が西洋服飾史で、母の影響を受けて大学一年の初めは西洋史に進むつもりでいた。その年の夏休みに、当時ワシントン・D・Cに住んでいた叔父久城育夫（東京大学名誉教授）一家に母・兄・私が加わり、アメリカ東部のワシントン、フィラデルフィア、ニューヨーク、ボストンと、カナダのバンクーバーを一ヵ月近くかけて旅行した。そして日本に帰国したときに、乾燥していた北アメリカの大地に比べ、日本の気候・自然が水分の多いことと、文化のみずみずしい美しさに改めて気付かされた。そして、日本の文化を見直したいと考え、大学二年に進むときに日本史を選んだのである。

在学した東京女子大学がキリスト教（プロテスタント）の大学で、キリスト教学が必修科目であったことも影響して、在学中からイエズス会士史料に関心を持ち、近年大学の授業で取り上げて読むようになった。

大学在学時には大隅和雄先生に文化史を教わった。「はじめに」で中世に日本特有の文化的特質が表れたとする内藤湖南氏の言説に触れたが、これは大隅先生が授業で話されたことであり、心に印象深く残っていたのである。卒業論文「御伽草子絵の研究」は大隅先生の勧めによるものであるが、御伽草子は中世に萌芽した庶民文化の一つである。中世後期に連歌・猿楽・風流・御伽草子などの庶民文化が貴族層にも浸透していった現象はまさに文化の下剋上であり、それは中世後期の社会を魅力的なものにしている。

早稲田大学大学院文学研究科では指導教授瀬野精一郎先生のもとで、御伽草子の研究で用いた山科家の史料を使って公家領荘園を中心に研究を進め、その後、拙著『中世公家の経済と文化』（吉川弘文館、一九九八年）で博士（文学）の学位を早稲田大学からいただいた。さらに、家族や生活文化に視点が移っていき、「家」の観点から拙著『中世の武家と公家の「家」』（吉川弘文館、二〇〇七年）をまとめた。本書第二部は、この拙著の第四部「「家」の行事と儀式」を下敷きにしているが、さらに詳しく明らかにしている行事も少なくない。

また、経済法や家族法への関心から法文化に興味を持ち、仕事をしながら法学・政治学・経済学を学んで学士（法学）を取得した。本書で近現代の法にも触れているのはこの勉強によるものである。高校時代には数学が好きで理科系のクラスにいたが、法の合理的な思考には数学に通じる面白さがある。また、法は人間社会の諸問題を映し出す鏡でもあり、法から当時の人々の生活を知ることができる。

現代では西洋文化がグローバル化して世界の社会をリードしている。日本も近現代に西洋文化の影響を大きく受けてそれに順応してきた。本書からは、日本が西洋文化の影響を受ける以前に有していた慣習や文化とは何かを知り、日本固有の文化の良いところや短所に気付いてほしいと思う。また、史料を読みやすい形にして多く引用しているので、これら史料から素直に歴史を読み取ることも試みていただきたい。

最後に、本書の出版を引き受けて下さった吉川弘文館とお世話になった編集部の上野純一氏に御礼を申し上げる。

二〇〇七年十一月二十七日

菅原正子

菅原正子著

中世の武家と公家の「家」

一二〇七五円（5％税込）　A5判・上製・カバー装・三三二頁

中世に成立した「家」とは何か。家族との関係はどのようなものので、いかなる文化を形成したのか。「家」の象徴である旗や家紋、家業の上級神職を継いだ女性や比丘尼御所の住持職、所領の運営、年中行事や人生儀礼などを通して、中世の「家」の成立やあり方を考察。武家と公家、二つの社会集団・身分階級の「家」の実態を、文化と経済の両面から解き明かす。

吉川弘文館

古代の神社と祭り
三宅和朗著　一七八五円

銭の考古学
鈴木公雄著　一七八五円

贈答と宴会の中世
盛本昌広著　一七八五円

源氏物語の風景 王朝時代の都の暮らし
朧谷　寿著　一七八五円

平安朝　女性のライフサイクル
服藤早苗著　一七八五円

ジェンダー史を学ぶ
長野ひろ子著　二六二五円

乳母の力 歴史を支えた女たち
田端泰子著　一七八五円

家族の古代史 恋愛・結婚・子育て
梅村恵子著　一七八五円

日本住居史
小沢朝江・水沼淑子著　三九九〇円

日本の食文化史年表
江原絢子・東四柳祥子編　五二五〇円

有識故実大辞典
鈴木敬三編　一八九〇〇円

日本民俗大辞典 上・下（全2冊）
福田アジオ他編　各二一〇〇〇円

精選 日本民俗辞典
福田アジオ他編　六三〇〇円

年中行事大辞典
加藤・高埜・長沢・山田編　二九四〇〇円

（価格は5％税込）

吉川弘文館

著者略歴

一九五九年　東京都生まれ
東京女子大学文理学部史学科・日本大学法学部政治経済学科卒業　早稲田大学大学院文学研究科博士後期課程史学専攻修了　博士（文学）
現在　学習院女子大学・法政大学・和光大学非常勤講師

〔主要著書〕
中世公家の経済と文化　中世の武家と公家の「家」　占いと中世人

日本人の生活文化
くらし・儀式・行事

二〇〇八年（平成二十）二月二十日　第一刷発行
二〇一二年（平成二十四）四月　一日　第二刷発行

著　者　菅《すが》原《わら》正《まさ》子《こ》
発行者　前田求恭
発行所　株式会社 吉川弘文館
郵便番号一一三―〇〇三三
東京都文京区本郷七丁目二番八号
電話〇三―三八一三―九一五一〈代表〉
振替口座〇〇一〇〇―五―二四四番
http://www.yoshikawa-k.co.jp/
印刷＝藤原印刷株式会社
製本＝株式会社 ブックアート
装幀＝下川雅敏

ISBN978-4-642-07985-3

索　　引

あ　行

か　行

さ　　行

た　行

な　行

は　行

ま　行

や　行

ら　行

わ　行